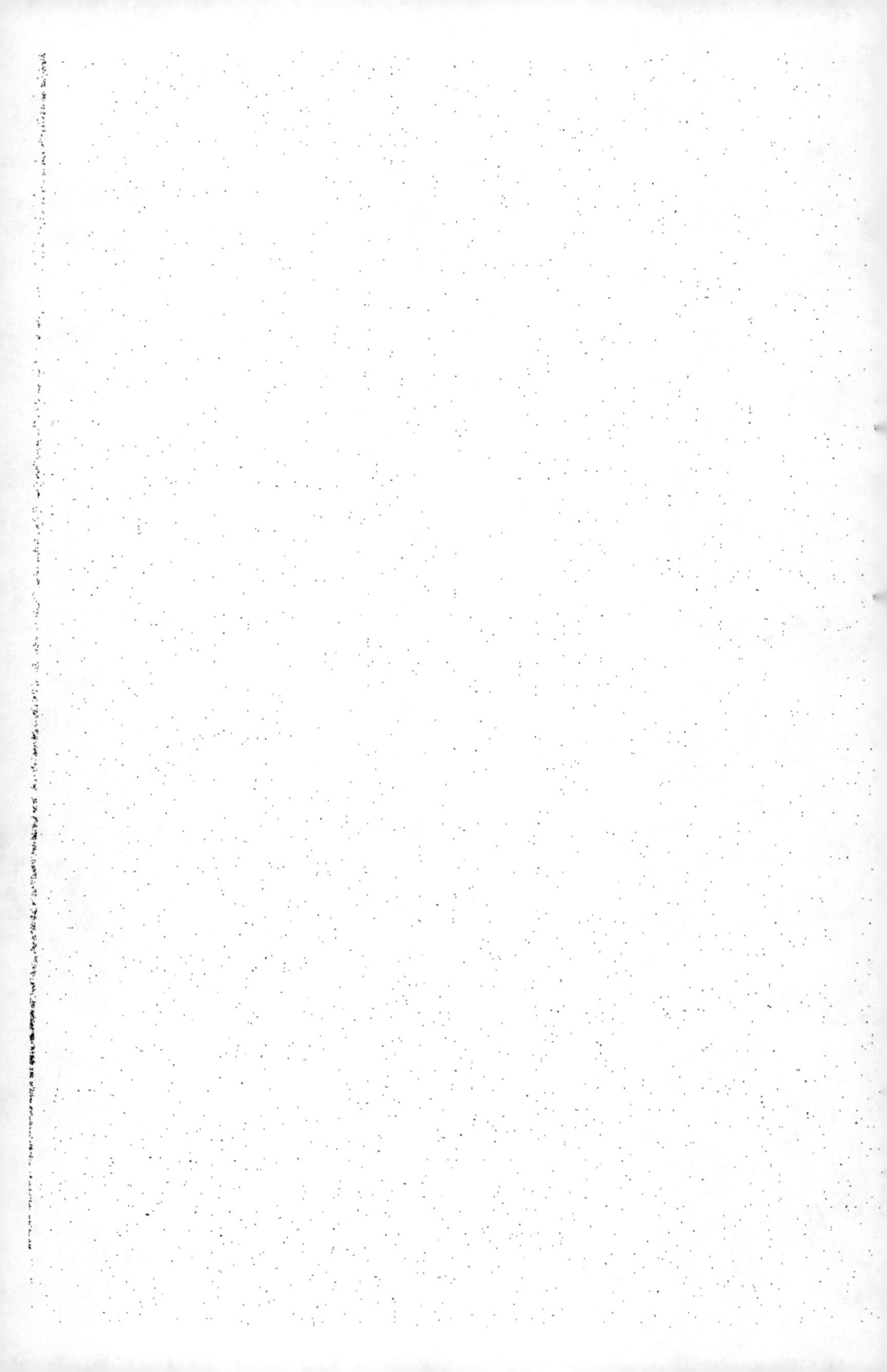

ESSAI

SUR

L'HISTOIRE DES ISRAÉLITES

DE TUNISIE

DEPUIS LES TEMPS LES PLUS RECULÉS
JUSQU'A L'ÉTABLISSEMENT DU PROTECTORAT
DE LA FRANCE EN TUNISIE

PAR

D. CAZÈS

PARIS

LIBRAIRIE ARMAND DURLACHER

83 bis, rue Lafayette

—

1889

ESSAI

sur

L'HISTOIRE DES ISRAELITES

de Tunisie

ESSAI

SUR

L'HISTOIRE DES ISRAÉLITES

de Tunisie

DEPUIS LES TEMPS LES PLUS RECULÉS
JUSQU'A L'ÉTABLISSEMENT DU PROTECTORAT
DE LA FRANCE EN TUNISIE

par

D. CAZÈS

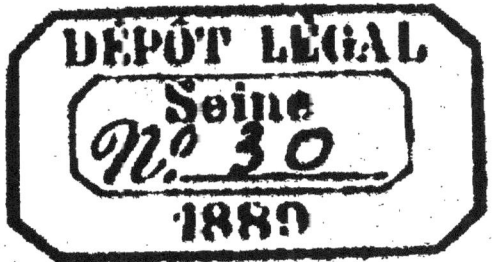

PARIS

LIBRAIRIE ARMAND DURLACHER

83 bis, rue Lafayette

1888

INTRODUCTION

———

Le petit volume que nous présentons aujourd'hui au public n'a pas la prétention d'être un traité d'histoire, il n'en a ni les allures, ni les tendances. C'est une simple collection de documents se rapportant au passé du judaïsme tunisien, depuis l'époque, très reculée, où il a fait sa première apparition en Tunisie, jusqu'au moment où le protectorat français, venant à être proclamé dans ce pays, a, pour ainsi dire, supprimé l'histoire spéciale de la Régence, en en faisant une branche de l'histoire de France.

Cet ouvrage est né de circonstances fortuites. Chargé par l'Alliance Israélite d'une mission de confiance en Tunisie, j'ai été souvent appelé à m'occuper des affaires du judaïsme tunisien, et dans ce but, à étudier son organisation, ses institutions, ses établissements. Les différences qui le distinguaient des autres groupes juifs étaient si grandes et si notables, que j'ai voulu en connaître les causes. De là des recherches, et à la suite, la découverte d'une foule de documents disséminés dans un grand nombre d'ouvrages d'origines diverses, hébreux, arabes, latins, tous datant du moyen âge. A côté sont venus se grouper d'autres documents d'écrivains modernes, mais dont le caractère sérieux et critique est indiscutable.

Il est résulté de cette collection de documents une suite presque ininterrompue des événements qui sont survenus dans la population juive de Tunisie depuis leur premier établissement dans la Régence jusqu'à nos jours. Dès lors il nous a paru utile de livrer ces documents à la publicité, dans l'espoir qu'il se trouverait quelque savant curieux de reprendre ce travail, de compléter ces documents, et de retracer enfin, avec compétence et autorité, l'histoire des Israélites de Tunisie.

Le sujet est vraiment digne d'intérêt. Le groupe juif tunisien constitue un élément qu'il est impossible de négliger. Non seulement il forme, à Tunis, le tiers de la population totale de la capitale, mais encore il en forme la partie la plus intéressante.

De tous les sujets indigènes, il est l'élément le plus assimilable; il a en mains les capitaux et le commerce de la Régence; c'est lui qui constitue l'élément le plus intelligent et le plus actif de la population, et c'est sur lui que la France doit d'abord compter pour introduire dans la population tunisienne sa langue, son esprit, sa civilisation.

Or depuis quelque temps, il s'est formé, contre les Juifs, dans la nouvelle colonie française, une légende qu'il est utile de dissiper. Le nouvel élément français, débarqué de fraîche date en Tunisie, voit la main des Juifs dans tous les déboires qu'il éprouve, dans tous les obstacles qu'il rencontre. Le commerce chôme, la valeur des terrains augmente, les loyers renchérissent, ce sont les Juifs qui en sont cause. La haute banque refuse-t-elle d'escompter le papier qui ne lui inspire pas suffisamment de confiance, les grands établissements de France refusent-ils de se lancer dans les entreprises plus ou moins véreuses qu'on leur propose, ce sont les Juifs qu'il faut en accuser. Enfin les produits tunisiens sont-ils considérés comme étrangers à leur entrée en France, ce sont les Juifs qui soutiennent cette situation, et ce sont eux qui en profitent. Il faut bien s'entendre pourtant. Les Juifs jouissent-ils en Tunisie d'une situation privilégiée? Non! Peuvent-ils compter sur les faveurs spéciales de l'administration? Non! Ont-ils dans le pays une situation prépondérante qui leur permette d'obtenir des succès là où leurs concurrents n'obtiennent que des déboires? Non! Dès lors, de quoi les accuse-t-on? Que leur reproche-t-on? C'est de réussir là où les autres échouent, de gagner lorsque les concurrents perdent, et de profiter des institutions actuelles, qui constituent un obstacle pour les nouveaux venus. Cette situation spéciale a des causes; elles sont dans l'histoire des Juifs de Tunisie, dans leur origine hétérogène, dans la façon dont leur caractère s'est formé, à la suite des événements qui sont venus influencer sur leur développement intellectuel et moral, dans les procédés lents et accidentés par lesquels ils ont conquis les quelques libertés dont ils jouissent, enfin dans les entraves auxquelles ils ont été soumis, et qui ont contribué à former le caractère actuel du Juif tunisien.

C'est ce que nous avons voulu établir dans le présent travail. Nous nous sommes proposé de détacher les causes qui ont contribué à former la

situation actuelle et à donner naissance au caractère du Juif tunisien d'aujourd'hui.

Ce travail demande une suite. Après avoir tracé
le passé des Juifs tunisiens, après avoir suivi, pas
à pas, la genèse de cette agglomération qui constitue le judaïsme de Tunisie, il est bon de tracer
le caractère actuel de ce groupe important, d'en
décrire les mœurs et les institutions, et surtout de
déterminer les mesures, intérieures ou générales,
à prendre pour modifier l'état actuel, pour améliorer la situation dont on se plaint, et pour faire en
sorte que l'influence et la vivacité dont jouit ce
groupe important soient dirigées dans l'intérêt du
pays et de la France. En effet, le gouvernement
tunisien, et par suite, celui de la République
française, doit trouver dans l'élément juif le concours le plus dévoué et le plus utile. Mais pour
arriver à ce but, il faut que chacun de son côté
fasse des efforts et prenne des dispositions en vue
du résultat à atteindre. A côté du passé des Juifs
tunisiens, il faut étudier leur présent et préparer
leur avenir. Il est possible qu'un jour nous nous
décidions à entreprendre ce travail. Pour le moment, nous nous en sommes tenu à raconter les
événements qui se sont passés, sans parti pris, sans

1.

presque les juger, depuis la plus haute antiquité jusqu'en 1881. Avons-nous réussi? Dans tous les cas, nous pouvons assurer que nous n'avons rien négligé pour présenter des documents authentiques, dignes de confiance et capables de constituer les archives de l'histoire du judaïsme en Tunisie.

ESSAI

SUR

L'HISTOIRE DES ISRAÉLITES

DE TUNISIE

Les questions ethniques préoccupent depuis quelque temps, et à juste titre, les savants, les historiens et les politiciens. Les origines des habitants de l'Afrique du Nord — Arabes et Berbères — ont été l'objet d'études très consciencieuses et ont abouti à des résultats qu'on peut considérer comme définitifs. Un troisième groupe ethnique, qui occupe ce même pays depuis la plus haute antiquité, et qui y a joué un rôle très important, le groupe israélite, n'a pas été jusqu'ici étudié à ce point de vue. On parle vaguement de l'ancienne communauté de Kaïrouan, du rôle qu'ont joué les Juifs dans le pays lors de l'invasion musulmane, des tribus d'origine juive habitant le Sahara marocain et algérien, mais personne n'a étudié jusqu'à ce jour d'une façon critique et historique la question du premier établissement des Juifs de ce côté du bassin méditerranéen, et les vicissitudes à travers lesquelles ils ont passé pour parvenir à l'état où ils sont aujourd'hui (1).

Notre but n'est pas actuellement d'embrasser une étude aussi vaste, notre ambition n'est pas davantage de tracer un historique complet des Juifs de la Tunisie. Nous nous proposons uniquement de demander aux auteurs anciens la solution de quelques problèmes relatifs aux Israélites de l'ancienne province d'Afrique, et de rechercher dans les auteurs de l'époque la trace des événements qui se sont déroulés dans ce pays, et qui ont laissé des vestiges chez les Israélites qui habitent actuellement la Tunisie.

Quel est le début de l'établissement des Israélites en Tunisie? A quelle époque et à la suite de quelles circonstances sont-ils venus se fixer dans la Régence? Quand et par qui leurs institutions ont-elles été fondées et ont-elles reçu

(1) M. Abr. Cahen, ancien grand-rabbin d'Alger, a publié une petite brochure où il consacre quelques pages à l'histoire des Juifs d'Algérie avant la conquête française.

leur sanction? Il est difficile de répondre à cette question d'une façon catégorique et péremptoire. Les Juifs tunisiens n'ont conservé à ce sujet aucun document authentique, aucun acte ayant une valeur historique. Les historiens juifs qui, au moyen âge, ont quelquefois fait mention des Israélites de Tunisie, ne se sont préoccupés que du sujet qui les absorbait, et n'ont mentionné qu'en passant un groupe de coreligionnaires dont l'importance ne leur était cependant pas inconnue. L'itinéraire de Benjamin de Tudèle, cette source précieuse de documents statistiques des communautés juives du moyen âge, ne fait pas mention de la Tunisie, quoi qu'en aient dit et Constantin l'Empereur et Châteaubriand, qui a répété et divulgué l'erreur du traducteur latin.

On en est donc réduit, sinon aux conjectures du moins aux probabilités; et faute de sources autorisées, on est encore heureux de trouver, au milieu d'un amas de productions de plus d'un genre et datant de diverses époques, quelques indices pouvant servir de guide aux curieux.

I

LES JUIFS AVANT LA DOMINATION ROMAINE

Il ne nous est parvenu aucun document authen
tique mentionnant l'existence des Juifs dans les anciens *Emporia* sidoniens ni dans la Carthage punique. Certains écrivains constatent leur présence
à Utique, à Hippo-Zaritus et à Carthage. D'autres
vont jusqu'à leur assigner un quartier spécial dans
cette dernière ville. Quoi qu'il en soit de ces affir-
mations, il est certain que les tribus juives du
nord-ouest de la Palestine, les Zabulonites principalement, se sont de tout temps asse ciés aux excur-

sions de leurs voisins les Sidoniens ; le Pentateuque en fait mention à plusieurs reprises (1). Il n'est donc pas impossible, on peut même dire qu'il est problable, que des Israélites aient été mêlés aux Sidoniens lorsque ceux-ci firent leur première apparition sur la côte africaine, et qu'ils fondèrent Utique, Cambé, etc...

Plus tard, lorsque la gloire de Tyr effaça celle de sa voisine Sidon, les Israélites étaient les alliés des Tyriens. La Bible nous a conservé le souvenir des alliances entre Juifs et Tyriens, entre Salomon et Hiram, des voyages entrepris de concert, des richesses apportées à Jérusalem et à Tyr des bords de la Méditerranée. Les historiens les plus autorisés placent la fondation de Carthage en l'année 923 à 950, c'est-à-dire quelques années après le

---

(1) Voir Genèse XLIX, 13 ; Deuter. XXXIII, 18, 19. Dans le premier de ces passages, il est fait mention du goût prononcé qu'avaient les Zabulonites pour les voyages sur mer. Dans le second, il est question des richesses apportées des voyages lointains. L'expression בצאתך employée par le rédacteur du Deutéronome paraît faire allusion à la course maritime à laquelle se seraient livrés les Zabulonites et leurs voisins les Sidoniens. Le verset qui suit cette expression paraît confirmer cette assertion, en faisant mention des richesses venant de la mer, des trésors cachés dans le sable, et des peuples qui font des sacrifices sur les montagnes en poussant de hauts cris.

règne brillant de Salomon et de Hiram. Nul doute donc que des Juifs ne se soient établis avec leurs voisins les Phéniciens sur la côte d'Afrique et n'aient pris une part active à la prospérité de la nouvelle ville. Le prophète Isaïe, qui ne s'occupe que des peuples avec lesquels Israël était en relations, parle de Tyr et de Sidon et de leurs établissements d'outre-mer, d'où l'on peut déduire que les Juifs fréquentaient les parages africains et y étaient peut-être établis.

Parallèlement avec ces migrations maritimes par le nord, nous avons à en constater d'autres par terre, par l'ouest et le sud. Ibn Khaldoun, dans son histoire des Berbères, et d'autres historiens après lui, ont constaté que la population berbère est composée de trois races, correspondantes à trois émigrations qui, venues de l'Asie, se sont répandues sur les territoires de l'Afrique du nord, depuis l mer Erythrée jusqu'à l'Atlantique. Ces trois races sont désignées par les historiens sous le nom de races Chanaanéenne, Couschite et Egyptienne. On sait qu'à plusieurs reprises, les Egyptiens avaient envahi en conquérants le pays du nord de l'Afrique. La dernière de ces invasions remonte à l'année 742; le Pharaon Tahraka (celui qui dans

la Bible est désigné sous le nom de Pharaon Nechao) traversa à cette époque l'Afrique du nord et
y laissa des traces nombreuses de son passage.
Tissot signale dans ces parages divers monuments
pharaoniques et certains noms géographiques qui
s'étaient encore conservés du temps des Romains,
et qui prouvent, non seulement le passage du
Pharaon, mais encore un établissement permanent
dans le pays d'une partie des peuples venus à sa
suite.

Or, on sait que vers cette époque, le Pharaon Nechao (le Tahraka des historiens arabes)
avait fait une campagne en Palestine, et emmené
un grand nombre de Juifs en Egypte. On sait
aussi que lors de la captivité de Babylone, plusieurs
Israélites allèrent chercher en Egypte un refuge
contre le despotisme des Babyloniens. Il n'y a donc
rien d'étonnant qu'un certain nombre de Juifs
soient allés, en même temps que les armées égyp-
tiennes, parcourir le nord de l'Afrique, et qu'un
grand nombre d'entre eux, trouvant là un pays
relativement libre, où se parlait une langue pareille
à la leur, et ayant d'ailleurs de la répugnance à
demeurer en Egypte, s'y soient établis. Ibn Khaldoun, en effet, qui divise les Berbères en trois

races, les Loua (Loudim, Lybiens), les Schanga (Gétules) et les Zénètes ou Iznaten, affirme que ces derniers étaient d'origine juive, issus d'une tribu juive venue à la suite de l'émigration égyptienne. La race Zénète s'est étendue tout le long du nord de l'Afrique, depuis le lac Triton jusqu'à l'Atlantique, et soutint avec les autres races des guerres dont l'unique cause était l'hétérogénéité d'origine et de croyance (1).

Ces Juifs venus du sud-est, trouvant dans le nord une population dont l'origine et la langue s'approchaient considérablement des leurs, ne tardèrent pas à établir avec elle des relations suivies, à se fixer dans les villes et à prendre leur part dans le commerce que la province phénicienne exerçait avec toutes les contrées du bassin méditerranéen (2).

On peut donc affirmer que la Carthage punique

(1) Voir pour toute cette partie Ibn Khaldoun, Histoire des Berbères, traduction de M. de Slane, 4 vol., *passim.* Voir également Mercier, Histoire des Arabes dans l'Afrique septentrionale, *passim.*

(2) L'union a, d'ailleurs, de tout temps été intime entre les deux peuples. Nous les voyons souvent se marier entre eux, et les enfants nés de ces mariages mixtes n'étaient pas, surtout à certaines époques de l'histoire, considérés comme étrangers. puisque nous voyons Salomon les employer à la confection des objets les plus sacrés du temple. (Voir I Rois VII, 13 et suiv.).

et les autres établissements phéniciens de l'Afrique comptaient des Juifs parmi leur population. Le silence des historiens grecs et romains de l'époque n'est pas une preuve suffisante pour en nier l'existence. En effet, tout ce que nous connaissons de l'Afrique phénicienne nous vient des Grecs, qui en parlent par ouï-dire, et surtout des Romains. Or, ces derniers pouvaient ignorer l'existence à Carthage des Juifs, qui parlaient la même langue que le reste des habitants et qui se confondaient avec eux. D'ailleurs le mépris des Romains pour les Juifs est notoire, et tous leurs écrivains, Tacite en tête, en parlent dans des termes qui ne permettent pas de se tromper sur le sentiment qu'ils leur inspiraient.

D'un autre côté, l'absence totale de statues et presque d'inscriptions lapidaires dans les synagogues juives est cause que leur trace à Carthage n'a pas été, jusqu'ici, révélée à l'archéologie.

II

LES JUIFS SOUS LA DOMINATION ROMAINE.

Lors du second temple, nous trouvons les Juifs répandus dans tout le nord de l'Afrique. Les Israélites, qui s'étaient de bonne heure établis en Égypte, se fixèrent également en Cyrénaïque et dans la province d'Afrique. Ils occupaient à Carthage une position brillante et leur nombre est venu s'agrandir par des recrues provenant de Rome. Les Juifs, qui depuis longtemps s'étaient établis à Rome, suivaient les convois nombreux qui mettaient en communication la *Capitale du monde* avec son nouveau grenier, récemment acquis.

Depuis la conquête de l'Afrique par les Romains, nous voyons, en effet, les Juifs établis et groupés autour des synagogues (qu'on désignait également sous le nom d'amphithéâtres) tout le long de l'Afrique du nord, depuis la Pentapole jusqu'aux confins du Maroc (1). L'historien Josèphe nous a conservé une ordonnance de l'empereur Auguste, adressée à Flavius, gouverneur de la Lybie, et parlant des Juifs qui *demeurent* en cette province. Il est facile de conclure, par les termes mêmes de l'ordonnance, qu'ils étaient établis dans un grand nombre de villes, où ils étaient entièrement organisés, ayant leurs synagogues et leurs institutions, ce qui dénote un établissement déjà ancien (2).

On connaît également une inscription grecque, gravée sur marbre blanc, trouvée à Tripoli de Berbérie, d'après laquelle les Israélites de Bérénice (Bengazi moderne), réunis en assemblée à la synagogue, pendant la fête des Tabernacles, votent des remerciements au gouverneur de la province,

(1) D'Avezac, Cyrénaïque, collection de l'Univers pittoresque, *passim*.

(2) Josèphe Flavius, Antiquités judaïques, livre XVI, chap. 10.

Marcus Zitius. Ce document est de plus de cen
ans antérieur à la destruction du second temple (1).

Nous connaissons enfin divers rescrits des empereurs romains relatifs aux Juifs, entre autres celui
d'Agrippa en faveur des Israélites de la Cyrénaïque, daté de l'an 14 avant J.-C. (c'est-à-dire
antérieur de quatre-vingt-quatre ans à la destruction du Temple) et bien d'autres du même genre
en faveur des Juifs de la province d'Afrique et de
Sétif. Un certain nombre de ces documents ont été
conservés et reproduits par l'historien Josèphe (2).

Les fouilles entreprises depuis quelques années
par les troupes françaises, dans divers points de la
Tunisie, devaient nous fournir de nouvelles preuves
de l'existence des Juifs dans ce pays depuis une
haute antiquité. Le capitaine de Prudhomme,
faisant faire quelques travaux de terrassement, a
découvert, au mois de février 1883, à Hamam El
Lif, l'ancienne Ad Aquas, à deux pas de Carthage,

(1) Voir à la fin du volume (n° I de l'appendice) la traduction
française de cette inscription. On y trouvera la preuve que
les Juifs étaient établis dans le pays depuis très longtemps.
On y remarquera également qu'ils avaient, en général adopté
les noms grecs, et qu'ils n'avaient pas encore de noms de
famille.

(2) Voir Flavius, Antiquités judaïques, *passim*.

un monument composé de trois parties, un portique, une salle et une espèce d'alcôve ou de placard, le tout dallé en mosaïque bien conservée. Une inscription était tracée dans chaque mosaïque. Il est permis d'affirmer, par l'interprétation de ces inscriptions, que le monument ainsi découvert était une synagogue, et que l'espèce de placard qu'on y remarquait au fond représentait l'emplacement réservé aux rouleaux de la loi. L'inscription spéciale trouvée dans cette partie de l'édifice le prouve suffisamment, ainsi que les dessins qui les accompagnent toutes les trois (1).

Tous ces documents prouvent surabondamment qu'à l'époque de l'apparition du christianisme, les Juifs se trouvaient, depuis longtemps, établis dans le pays, ayant leurs chefs, leurs synagogues, célébrant leur culte en commun et formant des assemblées autorisées et reconnues, ayant leurs administrations propres et leur part d'influence dans les affaires de la cité.

La prise de Jérusalem par Titus et la dispersion forcée des Juifs de Palestine vinrent augmenter

(1) Voir nᵒ II de l'appendice, la transcription et la traduction de ces trois inscriptions, ainsi qu'un résumé des débats auxquels elles ont donné lieu.

d'une manière considérable le nombre des Israélites de la province d'Afrique. Les Romains en
effet, suivant en cela l'exemple des Égyptiens, des
Assyriens, etc., avaient pour habitude de transporter les habitants d'un pays conquis dans un
autre. Lorsqu'ils eurent détruit Carthage (l'an
146 avant J.-C.) et que, regrettant l'ancienne
splendeur de la capitale de l'Afrique, ils voulurent
plus tard la repeupler, ils y amenèrent une grande
affluence de populations d'Asie et même d'Europe.
A la prise de Jérusalem, un grand nombre de
Juifs furent dirigés sur Carthage, et l'historien
Josèphe nous parle de douze bâtiments chargés de
Juifs que les Romains transportèrent de Palestine
vers la province d'Afrique. Ces captifs ne furent
pas bien malheureux; ils trouvaient en Afrique des
coreligionnaires qui les rachetaient, les secouraient
et se les incorporaient. Aussi les communautés
juives d'Afrique devinrent-elles bientôt prospères
et les Israélites étaient, au deuxième siècle de l'ère
vulgaire, les égaux des plus nobles habitants du
pays.. Un historien de l'époque nous raconte que
le jeune Caracalla, fils de Septime Sévère, jouait
avec un enfant juif. A un moment le jeune juif
lança une pierre à Caracalla, et le gouverneur de

ce dernier voulant châtier l'enfant, Caracalla se mit à pleurer, disant qu'il ne voulait pas qu'on punît son compagnon de jeu. Cela n'empêcha pas ce jeune homme de demander, avec son père, au Sénat romain, quelques années plus tard, un triomphe judaïque, pour avoir apaisé une révolte qui avait éclaté en Palestine (1). Cette petite anecdocte montre suffisamment que les Juifs, à la fin du IIe siècle de l'ère chrétienne, occupaient à Carthage une position brillante, et étaient considérés comme les égaux des membres des plus nobles familles. Leur activité religieuse pour faire des prosélytes était grande, et l'acharnement qu'ils y mettaient, ainsi que leurs coreligionnaires de Rome, était si grand, qu'à plusieurs reprises les gouverneurs durent intervenir pour arrêter le mouvement (2).

Lorsque les premiers chrétiens firent leur apparition à Carthage, le gouvernement les confondait facilement avec les Juifs. Ceux-ci, s'en apercevant,

(1) Voir Ælianus Spartianus, Vie de Caracalla, chap. I. Voir aussi l'abbé Pillet, Histoire de Sainte Perpétue.

(2) Edit d'Antonin, en 198; édit de Septime Sévère, en 202. Voir pour cette période, Saint-Justin, Apol. *passim*; Tertullien, *Ad nat., passim.*

tinrent à marquer la distinction entre les deux confessions, et si l'on en croit les Pères de l'Eglise, dont le témoignage est fort suspect en la matière, « les Juifs étaient les plus ardents parmi ceux qui faisaient des démonstrations contre les chrétiens » (1). On les a accusés d'être en partie la cause du martyre de saint Cyprien et de sainte Perpétue, exécutés, comme on sait, à Carthage. Quoi qu'il en soit de cette assertion, qui n'a d'ailleurs jamais été prouvée, elle fournit un témoignage éclatant de la situation prépondérante qu'occupaient les Juifs, non seulement à Carthage, mais dans toute la province romaine d'Afrique. Mais la situation prépondérante qu'ils occupaient en Afrique ne leur faisait pas oublier leurs frères malheureux de Palestine et de Babylone; ils leur envoyaient régulièrement des secours et même les plus courageux et les plus zélés allaient de temps en temps leur faire visite. Quelques-uns même paraissent s'être adonnés à l'étude des Ecritures

(1) Voir les Actes de Saint Polycarpe, de Saint Pontien; voir également l'ouvrage de M. E. Le Blant, les Actes des Martyrs. Tertullien dit, en parlant de la communauté juive de Carthage : « Seminarium est infamiæ nostræ. » Voir également Saint Justin, Dialogues avec Tryphon, et l'abbé Pillet, Histoire de Sainte Perpétue.

Saintes et le Talmud fait souvent mention des rabbins de Carthage. Nous trouvons à diverses reprises la mention de קרטגנאה à côté du nom d'un rabbin (1) et les auteurs du Talmud paraissent connaître, non seulement les Israélites et les autres habitants des grandes villes d'Afrique, mais même les habitants des campagnes, leur vie et leurs mœurs (2).

Mais à mesure que la communauté chrétienne se développait en Afrique, l'influence des Juifs diminuait. Aussitôt que les chrétiens devinrent influents dans l'empire romain, les persécutions contre les Juifs commencèrent, et les derniers des Pères de l'Eglise se sont souvent acharnés contre

(1) Le Talmud cite un רבי חנינא, un רב חנה קוטגנאה, קרטגנאה et un רבי חנניה קרטגנאה. Avons-nous affaire au même personnage? L'auteur du ספר יוחסין le croit, mais comme chacun de ces rabbins n'est mentionné qu'une fois, et pour des sujets n'ayant aucun rapport les uns avec les autres, il n'est pas impossible que ce soient des personnages différents. Quoi qu'il en soit, ce fait prouve suffisamment que des relations suivies existaient entre les Juifs de Syrie et leurs coreligionnaires d'Afrique.

(2) Le Talmud (traité יבמית, 83 b) parle des Berbères et des Maures, dont l'habillement, y est-il dit, est tellement rudimentaire, qu'on les suppose marchant tout nus. אנשי בֹרבְריא ואנשי מורטניא (Mauritanie) שמהלכים ערומים בשוק (יבמות פ"ג ב').

eux. Les divers conciles tenus à Carthage ont eu souvent à s'occuper des Juifs, et pendant qu'au début on s'efforçait seulement d'en détacher les chrétiens, en leur défendant d'aller aux synagogues, on prit plus tard l'initiative de mesures vexatoires, que le gouvernement romain s'empressait de sanctionner et d'appliquer. Aussi nous ne trouvons à chaque instant que des rescrits, supprimant telle et telle franchise dont jouissaient les Juifs d'Afrique, leur imposant des amendes collectives, etc., rarement leur octroyant quelque bienfait, pour lequel les Israélites s'empressaient, d'ailleurs, de donner des témoignages de gratitude.

Un érudit allemand, Marcus Fischer, a consacré une grande partie de sa vie à rechercher, dans les documents anciens, tout ce qui se rapporte aux Israélites qui ont habité le nord de l'Afrique depuis la destruction du second temple et jusqu'à l'établissement de la domination arabe en Afrique, et il a publié le résultat de ses recherches dans un petit volume intitulé תולדות ישורון, imprimé à Pest en 1817. — L'auteur, qui a soin de nous indiquer, dans sa préface, et une fois pour toutes, les sources où il a

puisé (1), donne sur ces populations, sur leurs
institutions, leurs mœurs, etc., des renseignements fort curieux et généralement vraisemblables, bien qu'acceptés par lui, pour ainsi dire, en
bloc et sans aucun esprit de critique. Un grand
nombre des faits cités par cet auteur, sont toutefois confirmés par d'autres documents, ce qui
en dénote l'exactitude.

L'auteur commence par affirmer ce qui a été
établi plus haut, sous l'autorité de l'historien
Josèphe, à savoir que lors de la destruction du
temple de Jérusalem par Titus (l'an 70 de J.-C.),
une très grande quantité de Juifs ont été trans-
portés dans la province proconsulaire d'Afrique,
que les Romains voulaient repeupler, et en Mauritanie. Un très grand nombre des nouveaux
émigrants se sont adonnés à l'agriculture (2),

(1) Dans la liste des ouvrages que l'auteur cite dans sa
préface comme lui ayant servi de sources, à côté d'auteurs
sérieux comme Ibn Khaldoun, Léon l'Africain et Marmol,
nous en trouvons d'autres bien peu dignes de foi, quelques-
uns même sans noms d'auteurs. On est donc obligé de
chercher d'autres sources confirmant les dires de l'érudit
allemand.

(2) Des vestiges de ces tribus adonnées à l'agriculture et
à l'élevage du bétail se trouvent encore aujourd'hui en
Tunisie. On rencontre des tribus juives, vivant sous la

d'autres au pâturage et à l'élevage du bétail, quelques-uns enfin aux métiers manuels. Mais les uns et les autres gardèrent entre eux quelques liens, quelques rapports de famille. Leur autonomie a été maintenue dans la terre d'exil, et l'organisation en tribus, si conforme au génie sémitique, reçut avec l'émigration une nouvelle consécration. Les membres d'une même tribu étaient-ils tous issus d'une même famille? Cela ne paraît pas probable, et il est permis d'en dou-

tente, de la vie nomade, bergers ou *Khammés*, dans les trois groupes suivants :

1° Parmi les tribus musulmanes des Drid, dans les environs de Gabès ;

2° Parmi celles dites Hanancha, établies près du Kef, sur la frontière algérienne ;

3° Parmi celles dites Khoumir (ou Kroumirs), sur le massif montagneux qui s'étend entre Béja et la Calle.

Ces tribus israélites existent en Tunisie depuis une très haute antiquité. Nous avons vu plus haut quelques écrivains placer leur arrivée en Tunisie au VIII° siècle avant l'ère vulgaire. Nous verrons bientôt le rôle qu'elles ont joué lors de la conquête musulmane. Depuis, ces tribus se sont mêlées aux habitants des villes voisines et ont perdu toute originalité, mais les unes ont conservé la vie nomade, les autres sont restées fixées au sol et adonnées à l'agriculture. Leurs croyances, leurs mœurs, leurs coutumes, sont devenues celles des habitants des villes, mais ces derniers, qui sont parvenus à introduire parmi ces tribus quelques usages rabbiniques, n'ont pas pu leur inculquer la connaissance de la langue hébraïque, que les membres actuels de ces tribus ignorent totalement.

ter. Il semble plus plausible d'admettre que les groupes que les hasards de l'émigration ont mis ensemble se sont, petit à petit, constitués en tribus, en se donnant pour chef le plus puissant et le plus capable d'entre eux, qui était désigné sous le nom d'Ethnarque. Les Romains favorisaient cette constitution, qui leur facilitait la perception des impôts. Ils chargeaient habituellement l'Ethnarque de ce soin. Les Romains en effet imposaient d'une taxe de deux sicles par an tout individu valide, âgé de seize à soixante ans.

Les nouveaux venus ne furent pas, d'abord, reçus par les Juifs établis antérieurement dans le pays sans une certaine méfiance. Tandis que ces derniers avaient leurs temples dans les villes, accessibles aux maîtres du pays, dont ils flattaient souvent l'amour-propre par des inscriptions grecques ou romaines placées dans les endroits les plus visibles des temples, les premiers, au contraire, étaient à peine tolérés, et obligés de célébrer leurs offices dans les champs, peut-être e cachette.

Cependant les immigrants observaient, comme les anciens Juifs du pays, très scrupuleusement les lois de Moïse. Le repos du Sabbat était absolu

et la viande de porc rigoureusement interdite ; les
jours de fête étaient les mêmes, en un mot les
principes fondamentaux de la croyance juive
étaient communs aux uns et aux autres. Mais des
différences notables les séparaient. Les uns parlaient la langue du pays, les autres le chaldaïque ;
les uns aimaient les Romains et s'efforçaient de
s'acquérir leur sympathie, les autres n'y voyaient
que les destructeurs de leur nationalité et de leur
temple, et les haïssaient mortellement. Les différences étaient également sensibles au point de vue
des pratiques. Tandis que les Israélites établis de
longue date dans le pays ne connaissaient que les
prescriptions sommaires de la Bible, les nouveaux
arrivés, imprégnés du grand mouvement qui avait
été imprimé au culte judaïque lors de la fin du 2ᵉ
temple, avaient donné à leurs croyances et à leurs
pratiques une tournure qui, sans être talmudique,
s'en rapprochait considérablement.

Peut-être aussi les Israélites du pays craignaient-
ils de mécontenter les Romains en accueillant dans
leur sein ceux qui venaient de leur faire une
guerre aussi acharnée, et les nouveaux venus ne
voyaient sans doute pas sans un certain mépris
ceux qui fraternisaient avec les ennemis les plus

redoutables de la nationalité et du culte juifs. Toutefois la fusion ne tarda pas à se faire entre les deux fractions, et bientôt, grâce aux rapports intimes, aux alliances, à l'influence morale, l'ancienne colonie s'est noyée dans la nouvelle, plus nombreuse, plus compacte, et dont la croyance avait plus d'intensité et de ferveur.

Les Israélites ainsi établis dans le pays observaient rigoureusement les jours de fête, mais ne connaissaient pas les seconds jours additionnels (יום טוב שני של גליות) (1). Pendant les jours de fête, les jeunes gens se livraient aux exercices musicaux, et se servaient dans ce but d'instruments à vent, à cordes ou à percussion; (2) les

(1) La célébration des jours additionnels des fêtes est, de nos jours encore, moins rigoureusement observée chez les Israélites de Tunisie que chez leurs coreligionnaires des autres pays. Ainsi, lorsque le huitième jour de *Péçah* ou le deuxième jour de *Schabouoth* tombent un samedi, on y prononce les oraisons funèbres des morts (דרשות), ce qui ne se fait pas pendant les autres jours de fêtes. Le huitième jour de *Péçah* n'est pas observé, au point de vue de la nourriture, avec autant de rigueur que les autres, et on y permet l'usage d'aliments strictement défendus les sept premiers jours.

(2) On voit, par ce qui précède, que l'interdiction du השמעת קול les jours de fête, non plus que le scrupule קול באשה ערוה, n'existaient pas pour les Israélites fraichement arrivés de Palestine.

jeunes filles prêtaient à ces concerts le concours de leur voix .

Ils célébraient la fête de Hanouka, mais ne connaissaient pas ou du moins n'observaient pas celle de Pourim (1).

Désireux de combattre à tout prix la prostitution et de conserver, chez leurs jeunes gens, la pureté de mœurs, dont ils faisaient grand cas, ils se mariaient généralement fort jeunes, les hommes à 16 ou 17 ans, les femmes à 13 ou 14. La polygamie, assez répandue parmi eux, et les mariages

---

(1) Cette particularité est en conformité de l'origine des Israélites tunisiens. En effet, la fête de Hanouka était observée en Palestine, tandis que celle de Pourim a dû être, à l'origine, une fête particulière spéciale à une famille ou à une petite tribu, ou aux habitants d'une ville. Nous trouvons encore aujourd'hui plusieurs fêtes de ce genre chez les Israélites: ceux de Tripoli en célèbrent deux par an, en dehors du Pourim d'Esther ; ceux d'Alger en célèbrent également deux; ceux de Tétuan et d'Alcazar, au Maroc, une; ceux de Bagdad, une; quelques Israélites d'Orient, qui se disent originaires de Saragosse, en célèbrent également une. Chacun de ces Pourim a sa מגילה spéciale. Le Pourim d'Esther a dû être, à l'origine, une fête du même genre.

On observera que les Emoraïtes ont entouré l'observation de la fête de Pourim d'une foule de prescriptions, et en ont fait le sujet d'une מסכתה spéciale, tandis que dans tout le Talmud il n'a été qu'une seule fois question de Hanouka (בבא קמא), et cela incidemment. Cela prouve que la fête de Pourim avait besoin d'être spécialement recommandée.

contractés entre veufs et célibataires, établissaient pourtant souvent entre époux des disproportions d'âge considérables Ils avaient cependant, au point de vue du veuvage et de la contractation de nouveaux mariages, des règles qu'ils n'enfreignaient pas. Ainsi, lorsqu'un homme avait successivement perdu deux femmes, il ne lui était plus permis d'épouser que des veuves. Lorsqu'une femme devenait deux fois veuve, elle ne se remariait plus; elle était désignée sous le nom de : « tueuse de maris (1). »

Le divorce était usité parmi eux; toutefois une femme qui avait divorcé deux fois ne pouvait plus convoler en nouvelles noces. — Lorsqu'une femme mettait au monde deux jumeaux, ceux-ci recevaient les noms de Pérez et Zérah, s'ils étaient mâles tous les deux, de Sara et de Rébecca si c'étaient deux filles, d'Isaac et de Rébecca, s'ils appartenaient à des sexes différents. — Les personnes qui étaient nées le jour de Kippour étaient l'objet d'une vénération spéciale; elles étaient estimées, car on voyait dans la circonstance de leur naissance pendant ce jour sacré une marque

(1) Cette coutume existe encore aujourd'hui en Tunisie et au Maroc, mais uniquement à l'état de superstition.

spéciale de faveur céleste pour ces nouveaux-nés.

Lorsqu'un membre de la tribu venait à mourir, les proches parents prenaient le deuil pendant sept jours et tous les parents, amis ou connaissances du défunt, marchaient pieds nus pendant trois jours, en signe d'affliction et de deuil. Ils n'ensevelissaient pas isolément chaque mort, mais ils avaient des caveaux de famille, où des compartiments ou niches étaient réservés pour les cercueils de chacun des membres qui la composaient; des écriteaux en conservaient les noms.

Chaque chef de tribu ou Ethnarque rendait la justice entre les membres composant la tribu dont l était le chef; lorsque les membres de plusieurs tribus étaient en cause, les chefs de ces tribus se réunissaient et décidaient l'affaire en commun.

La justice était rendue en plein air, en présence de tous les notables de la tribu. Le témoignage de tous les hommes ayant atteint leur dix-huitième année était admis, et tous les témoins, riches ou pauvres, étaient également écoutés et estimés. Les femmes n'étaient pas admises en témoignage.

Ces Israélites étaient très sobres. Les rares ivrognes qu'on rencontrait parmi eux étaient relégués au dernier rang de la société. Un homme trouvé

trois fois en état d'ivresse n'était plus admis en témoignage.

Ils étaient fort soigneux de leur personne, s'ha-
billaient plutôt avec luxe et aimaient beaucoup à
se parer de beaux habits et de bijoux précieux.

On voit par tout ce qui précède que le flot des
nouveaux arrivants engloba bien vite dans son
sein le groupe israélite qui habitait la Tunisie
avant la destruction du second temple. Ces
descendants des tribus de Juda et de Benjamin
ont attiré l'attention des historiens, ce qui
n'était pas arrivé au groupe primitif, Zabulonite
ou Egyptien, qui les avait précédés dans le pays.
Sur les mœurs, les habitudes et les croyances de
ces derniers en particulier, nous ne savons que
bien peu de chose. Sur les nouveaux venus également, on n'a conservé que peu de détails. Il en est
d'autres sur lesquels nous devons sans doute défi-
nitivement renoncer à voir se faire la lumière.
Ainsi, on se demande involontairement quel était
le nombre d'émigrants? On nous parle tantôt de
huit, tantôt de douze vaisseaux les ayant amenés.
Mais quel en était l'effectif? Ailleurs les historiens
de l'époque nous parlent de 30,000 Juifs envoyés
par Titus de Palestine en Sardaigne. Y a-t-il eu

des émigrations successives ou bien tous les émigrants sont-ils venus à la fois? Au point de vue
de leur organisation, il serait intéressant de connaître l'importance de l'effectif de chaque tribu,
la façon dont les chefs ou Ethnarques étaient élus
et nommés. Avaient-ils apporté l'institution de
l'assemblée des Anciens (זקנים), dont les Berbères ont gardé jusqu'ici des traces très distinctes,
ou bien se donnaient-ils, comme cela est probable,
vu leur vie aventureuse et guerrière, un chef qui
les conduisait à la bataille, et qui prélevait sur le
butin une part plus importante que celle des autres? Au point de vue de leurs croyances et de leurs
pratiques religieuses, avaient-ils emporté des
livres sacrés? Sans doute, au moment où ils quittaient la Palestine, la Bible n'avait pas encore le
caractère d'un tout, d'un ensemble, tel qu'elle l'a
eu depuis; mais les émigrants connaissaient-ils
tous les livres qui la composent? Avaient-ils des
prières toutes faites ou des chants sacrés? Y avait-
il parmi eux des scribes ou des savants? Avaient-ils
des *Cohanim* ou des *Leviyim*? Faisaient-ils des
sacrifices dans les champs où ils se réunissaient
pour adorer Dieu en commun? Enfin, de quelle
nature et de quelle importance étaient leurs rap-

ports avec leurs frères de Palestine et de Syrie?
En nouèrent-ils avec ceux qui habitaient l'Italie et
l'Espagne, ou avec ceux qui ont été envoyés en Sardaigne en même temps qu'ils étaient dirigés, eux,
vers la Proconsulaire? Autant de questions auxquelles toute réponse positive est impossible, et
pour la solution desquelles nous ne pouvons que
nous livrer à des conjectures plus ou moins
invraisemblables.

Les nouveaux juifs d'Afrique n'y ont guère
longtemps trouvé le repos. Leur caractère, leurs
croyances, leur manière de vivre différaient tellement de ceux des populations qui les entouraient
que des dissensions ne tardèrent pas à éclater
parmi eux. Toutefois, travailleurs industrieux et
habiles comme ils l'étaient, ils ne tardèrent pas à
se faire leur place au milieu de leurs voisins et
même à acquérir une certaine influence dans les
affaires publiques.

Nous venons de voir avec quel acharnement les
premiers chrétiens et les Pères de l'Eglise poursui-
vaient les Juifs de leur haine. Nous savons qu'à plusieurs reprises les conciles tenus à Carthage se sont
occupés d'eux; c'est une des meilleures preuves de
l'importance qu'on leur attribuait.

La domination romaine leur pesait. Ils haïssaient ce peuple avec toute l'ardeur que leur donnaient leur foi et le souvenir de leurs souffrances. Ils voyaient toujours en lui l'ennemi
héréditaire, le destructeur du temple et de la
nation d'Israël, le maître qui asservissait Jérusalem et qui avait fait figurer dans les triomphes
de ses empereurs les vases sacrés du temple de
Dieu. Aussi prirent-ils part au conseil tenu par
Boniface, le gouverneur de la province, en l'an
429, et leur influence ne fut pas étrangère à la
décision qui y fut prise de chasser les Romains
et d'appeler au secours de la province les Vandales d'Espagne, sous la conduite de Genséric.

III

LES JUIFS SOUS LA DOMINATION
DES VANDALES ET DES GRECS

Pendant tout le temps que les Vandales se maintinrent dans le pays, les tribus israélites vécurent d'accord avec ceux, s'établissant dans les villes, y exerçant des industries et du commerce, y bâtissant des maisons et des temples (1).

Lorsque Bélisaire, envoyé par l'empereur d'Orient, vint conquérir la Tunisie (en 534), on vit les tribus juives combattre à côté des Vandales et défendre courageusement le pays qui leur avait donné asile. Ils ne se soumirent qu'avec répu-

---

(1). On voit encore aujourd'hui, dans les ruines situées près des carrières de marbre de Chemtou (l'ancienne Simitus), un monument de construction vandale ou romaine de la dernière époque, que les Arabes du pays désignent encore de nos jours sous la dénomination de *Silat el Ihoud* (temple des Juifs).

gnance à la domination du vainqueur. Un certain nombre d'entre eux suivirent en Espagne les anciens maîtres du pays, avec qui ils vivaient en si bonne intelligence ; d'autres, préférant la liberté du désert à l'esclavage de l'Empire, s'acheminèrent vers le sud et allèrent s'établir dans le Soudan, où l'on trouve encore aujourd'hui leurs traces (1). Il existe, parmi les musulmans de Tuggurth, des chroniques locales qui affirment que les habitants les plus nobles de l'Oasis sont des descendants des Juifs, qui ont embrassé l'islamisme lors de l'invasion mulsulmane (2).

Pendant la domination des Grecs, les Juifs établis dans le pays continuent à prospérer, à occuper les places les plus importantes, et à exercer une si grande influence que la plupart des conciles tenus dans les villes de l'Afrique chrétienne s'en préoccupent et s'efforcent d'attirer vers les chrétiens une partie de cette influence. A la lecture des décisions de ces conciles, on ne peut s'empêcher de conclure que les Juifs jouissaient dans le

(1) Un voyageur israélite du Maroc, le rabbin Mardochée Abi Serour, qui s'est rendu à Tombouctou à travers le Sahara, assure en avoir rencontré un certain nombre.

(2) Voir Léon Roches, *Trente-deux ans à travers l'Islam*, 1er vol., p. 338 (Paris, F. Didot, 1883).

pays d'une influence considérable, influence qui portait souvent ombrage aux chefs de l'Eglise chrétienne (1).

Lorsque le patrice Grégoire, voulant combattre les Arabes et en arrêter l'invasion, en 647, se proposa de former une grande armée, il fit appel pour former son immense contingent (estimé à 120,000 hommes), non seulement aux Grecs et aux Berbères mercenaires, mais encore à quelques tribus juives. C'est contre ces dernières principalement que s'acharnèrent plus tard les musulmans vainqueurs, ainsi que nous le verrons dans la suite.

Les Israélites, d'ailleurs, occupaient alors dans le pays une situation prépondérante et pouvaient aspirer aux positions les plus élevées. Un historien arabe, El Kaïrouani, rapporte que la ville de Bizerte (Hippo Zaritus) était commandée par un Juif, qui en était le gouverneur, lorsqu'elle fut attaquée et conquise par Hassan le Gassanide, en 693 (2).

(1) Voir Janoski, *Afrique Chrétienne,* collection de l'*Univers pittoresque, passim.*

(2) Mohamed el Kaïrouani, traduction Pélissier et Rémusat, p. 41 (Paris, Impr. Royale, 1845).

IV

LES ISRAÉLITES
PENDANT LA CONQUÊTE MUSULMANE

Lors de la première invasion des Arabes sous
la conduite d'Okba, et lors de la fondation de
Kaïrouan (en 665), un certain nombre d'Israélites
de l'Arabie, de l'Egypte et de la Cyrénaïque, suivirent les hordes envahissantes, et s'établirent
dans la nouvelle cité et dans les villes conquises à
la domination musulmane (1). C'est donc de
l'époque même de la fondation de la ville que
datent les premiers fondements de la communauté
juive de Kaïrouan, qui fut si florissante à l'époque
des Ghéonim (גאונים). Ces nouveaux émigrants

(1) Jomard, l'Arabie (collection de l'Univers pittoresque.

servaient de trait d'union entre leurs coreligionnaires, qu'ils avaient trouvés dans le pays, et les
nouveaux conquérants. Les Israélites voyaient sans
doute dans les sectateurs de Mahomet des amis
venus, comme eux, de l'Orient; parlant une langue presque identique à la leur; proclamant
comme eux l'idée d'un Dieu unique; dont les
temples, dépourvus d'images et de symboles, con-
trastaient singulièrement avec les églises des anciens maîtres du pays. Il n'est donc pas étonnant
qu'un grand nombre d'entre eux se soient attachés aux nouveaux arrivants. Les anciens maîtres
du pays gardèrent aux Israélites rancune de cette
sympathie pour les envahisseurs, et la leur firent
payer bien cher (1).

(1) Plusieurs auteurs, et parmi eux Ibn Khaldoun et son
commentateur Mercier, prétendent que l'héroïne berbère
Kahina, qui tint pendant onze ans (de 697 à 708) si vail-
lamment tête aux envahisseurs musulmans conduits par
Hassan ben Naaman, et dont la défense, à Thysdrus (El
Ddem), est restée célèbre, était Juive ou d'origine juive. Ibn
Khaldoun prétend d'ailleurs, nous l'avons vu, qu'une
grande partie des peuplades Berbères, les Zennètes ou Iznaten, étaient d'origine juive, venus dans le pays à la suite
du Pharaon Tahraka (ou Nechao), en 742 avant J.-C. Le
nom de Kahina, qui rappelle bien celui de כַּהֲנָה ou כַּהֲנָא,
est fait pour donner à cette assertion un air de vraisemblance.
Mais si Kahina et sa tribu étaient d'origine juive, cette
communauté d'origine ne lui a pas fait épargner les Israélites du pays, car il existe en Algérie et en Tunisie une

Un nouveau flot d'émigration vint, à la fin du septième siècle, augmenter le nombre des Juifs de l'Afrique du nord, surtout ceux de Kaïrouan. Les historiens arabes racontent que le calife Abd el Malek ben Merouan demanda à son frère Abd el Aziz, gouverneur de l'Egypte, d'envoyer à Kaïrouan 1,000 familles coptes ou juives. Cette émigration se fit sous la conduite du même Hassen ben Naaman qui combattit et vainquit Kahina à Thysdrus, et qui fit la conquête de Carthage (1).

tradition vague et fort ancienne, conservée dans une vieille complainte en langue arabe, et dont quelques couplets m'ont été communiqués par un Israélite des plus érudits de Constantine. La chanson fait mention des cruautés exercées sur les Israélites par Kahina et les siens. — Voici, vers par vers, une traduction des deux strophes et du refrain, les seules parties de cette complainte qu'il m'ait été possible de me procurer :

O fils de Yeschouroun
N'oubliez pas vos persécuteurs;
Les Chaldéens, César, et Adrien, et Kahiya
Cette maudite femme, plus cruelle que tous les autres réunis.

Elle donnait nos vierges à ses guerriers;
Elle se lavait les pieds dans le sang de nos enfants;
Dieu l'avait créée pour nous faire expier nos péchés.
Mais Dieu hait ceux qui font souffrir son peuple.

Et le refrain :

Rends-moi mes enfants
Pour qu'ils me pleurent (à ma mort).
— Je les ai laissés
Entre les mains de Kahiya.

(1) L'historien El Kaïrouani, qui rapporte ce fait, le donne sur la foi d'un autre historien arabe plus ancien que lui, El Bakri.

C'est ce même Hassen qui établit en Tunisie, en 701, l'impôt dû par les étrangers, désigné sous le nom de Khara lj, et qui était payé par tous les non musulmans indistinctement. Cet impôt, dont furent dispensés les chrétiens à des époques diverses, à la suite de négociations avec les Puissances, a toujours été payé par les Juifs, jusqu'au jour de l'avènement au trône du bey Mohammed, successeur d'Ahmed-bey, en 1855 (1).

Le gouvernement du Maghreb fut, dans la suite, confié à Abou-Djafar, descendant de la famille des Abbassides. Les Israélites, plus encore que les Maures et les Berbères, ont eu à se plaindre des concussions de ce gouverneur, mais ils ne paraissent avoir pris aucune part au complot ourdi contre lui à l'instigation de Mohammed ben Abou Taleb. Malgré la guerre prolongée entre Djafar et Mohammed, et entre le fils du premier, Mahadi, et le plus jeune frère du second, Imam Edris (2),

(1) El Kaïrouani, loc. cit. Voir également Sédillot, Histoire des Arabes (collection Duruy).

(2) On sait que les noms de Mahadi (qui a donné naissance à la famille des Almohades) et d'Imam Edris (d'où sont issus les Edrissites) sont très célèbres parmi les Arabes, et que les historiens donnent souvent ces noms à un descendant de ces familles qui s'est distingué par une action d'éclat. De cette habitude peut naître une certaine

les Israélites restèrent fidèles à leur chef et com-
battirent, sous ses ordres, contre son adver-
saire.

Imam Edris essaya de détacher les Israélites de
la cause de son ennemi Mahadi ; il délégua, dans
ce but, auprès d'eux des messagers ayant mission
de les attirer dans son parti. Mais ces démarches
n'ayant pas abouti, il eut recours à la ruse, tac-
tique assez fréquente chez les Arabes. Il soudoya
quelques Grecs qui calomnièrent les Juifs auprès
de Mahadi, les accusant d'infidélité à leur chef.
Imam Edris espérait que la sévérité des châtiments infligés par Mahadi détacherait de sa cause
les Israélites, qu'il gagnerait ainsi facilement.
Mais les Juifs restèrent fidèles au fils de Djafar,
malgré les tortures que ce dernier leur avait fait
subir, et malgré les châtiments que leur infligea
Mahadi lui-même, à la suite des calomnies et sous
les instigations perfides des émissaires grecs
d'Imam Edris. Ils supportèrent même avec cou-
rage et résignation les injures d'un chef subal-

confusion contre laquelle il faut se mettre en garde. L'Imam
Edris dont il est question dans ce passage est Edris I,
chassé de l'Arabie à la suite d'une tentative de révolte, qui
régna à Oualili (ancienne Volubilis) et à Tlemcen (785-791,
et qui mourut empoisonné par un émissaire du calife de
Bagdad, Haroun el Rachid.

terne, nommé Aboulafia, dont ils s'étaient fait un ennemi (1).

Ils n'avaient nullement d'ailleurs à espérer, de la part d'Imam Edris, une amélioration de leur sort; ils savaient très bien ce qui les attendait, d'un côté comme de l'autre. Il s'est produit, à la suite d'une de ces batailles entre Mahadi et Imam Edris, un fait qu'il est intéressant de signaler, non seulement parce qu'il nous fait connaître la manière dont les Israélites étaient traités par les conquérants, mais aussi parce qu'il donne la preuve évidente que, sans connaître le Talmud, leurs chefs en possédaient l'esprit tout casuistique.

A un moment où les hasards du combat avaient donné la victoire à Imam Edris, celui-ci exigea des Israélites de mettre à sa disposition dix de leurs femmes, dont la réputation de beauté était générale. Les dix femmes furent choisies par la voie du sort parmi les plus belles Juives de la tribu. Imam Edris les garda quelque temps dans son harem, puis les renvoya dans leurs familles.

(1) Marcus Fischer, loc. cit. *passim*. Il n'est pas impossible que les Israélites du Maghreb aient eu connaissance de la conduite cruelle d'Imam Edris à l'égard de leurs frères d'Arabie, et que le souvenir de cette cruauté ait contribué à les maintenir dans la fidélité sous les ordres de Mahadi.

Il s'éleva alors à leur sujet une discussion parmi les plus notables de la tribu, dont les uns soutenaient que ces femmes devaient être considérées comme violentées (אנוסות) et, comme telles, permises pour leurs maris, et dont les autres prétendaient, au contraire, que le choix par le sort écartait toute idée de violence, puisque le tyran n'avait pas désigné ces femmes par leurs noms, ce qui serait indispensable pour les faire bénéficier de la situation de אנוסות. Ce sont ces derniers qui ont eu gain de cause (1).

La fidélité des Juifs à la cause de Mahadi ne fut cependant pas générale; ceux du Fezzan et de la Mauritanie orientale (Tunisie), lassés par les cruautés de ce chef barbare, ne tardèrent pas à l'abandonner et à se jeter dans les bras d'Imam Edris. Ils se réunirent en armes sous la conduite de leur chef Benjamin, fils de Josué, fils d'Eliézer, dans la vallée de Tassut (aujourd'hui Testour, à environ 30 k. au S.-O. de Tunis, et que traverse l'ancienne route romaine allant de Carthage à Hippone), et là ils réalisèrent leur jonction avec l'armée d'Imam Edris et se battirent sous ses

(1) Marcus Fischer, loc. cit., p. 17 et suiv.

ordres contre celle de leur ancien chef Mahadi. Le
choc fut terrible entre les deux armées, et le combat
long et pénible. Les troupes de Mahadi fuyaient
vers l'ouest, et finirent par se réfugier à Milianah
(Algérie). L'armée d'Imam Edris, qui les poursuivait, entreprit le siège de cette ville. Mahadi,
reconnaissant aux premiers rangs des belligérants
les tribus juives naguère sous ses ordres, employa,
pour se sauver, un stratagème souvent mis en
pratique, et toujours avec succès. Il fit mettre
en avant, sur les murailles de la ville assiégée,
d'autres Israélites, parmi ceux qui lui étaient restés
fidèles, dans l'espoir que ceux-ci seraient épargnés
par leurs frères. C'est à la réussite de ce stratagème que Milianah dut son salut (1).

Est-ce pour punir les Juifs de cette action
qu'Imam Edris, à partir de ce moment, redoubla
de cruauté envers eux, ou bien faut-il attribuer
cette recrudescence de sévices à la défaite de ce
prince, ou bien encore à son caractère? Toujours
est-il que les Juifs n'ont pas eu à se louer de leur
nouveau chef, qui ne respectait ni leurs biens ni
leurs familles. C'est ainsi qu'à un moment il viola

(1) Marcus Fischer, loc. cit., p. 26

la femme du chef d'une des tribus israélites,
nommé Obeïd-Allah (Obadia). A la suite de cet
acte, toute cette tribu l'abandonna et retourna sur
ses pas vers l'est (1).

Cependant la guerre recommença et la victoire
resta à Imam Edris. Mais au lieu de se montrer
clément pour les Israélites, à qui il devait une
bonne partie de ses succès, il devint, vis-à-vis
d'eux, d'une cruauté extraordinaire, et leur imposa
des conditions très dures. Il voulut surtout les
forcer à embrasser l'islamisme et à assister, dans
les mosquées, aux prières faites au nom du prophète Mahomet. Les Juifs, qui s'étaient soumis à
toutes les exigences du vainqueur, se révoltèrent
dès qu'on voulut porter atteinte à leur religion, et
refusèrent à Edris l'obéissance, dont ils lui avaient
prodigué tant de preuves. La révolte devint
générale, et la guerre éclata, acharnée et terrible,
avec des péripéties de défaites et de victoires pour

(1) La tradition veut que les Israélites de l'île de Djerba
soient, en partie, les descendants de cette tribu, qui s'y serait
réfugiée en quittant l'armée d'Imam Edris. Le nom d'Obeïd-
Allah (ou Abdallah, ou Obadia) est très fréquent, même de
nos jours, parmi les Israélites de cette île. C'est d'ailleurs
de Djerba que se déclarent originaires les familles israélites
les plus anciennes de Tunis. C'est encore à Djerba que l'on
trouve le plus fréquemment des noms de famille israélites,
dont l'origine n'est ni hébreu, ni arabe.

les Juifs et les musulmans. Ces derniers, mieux préparés, plus aguerris et plus nombreux, finirent par remporter une victoire éclatante sur les Juifs, dont la conversion à l'islamisme fut ordonnée. Mais sur ces entrefaites, Imam Edris fut assassiné par les ordres d'Haroun-el-Rachid (783), et sa sentence contre les Juifs ne fut pas exécutée. Les Israélites virent, dans cette mort violente d'Edris, une punition céleste, dirigée contre celui qui voulait porter atteinte à leur religion.

Un historien arabe généralement exact, El Kaïrouani, dit que le calife Haroun-el-Rachid envoya à son lieutenant Ibrahim ben Aghlab, gouverneur de Kaïrouan, l'ordre de faire empoisonner Imam Edris, et que cet ordre fut mis à exécution par un nommé Salomon Schemma, médecin d'Agh'ab. La famille Schemma a fourni, en effet, à la Tunisie une pléiade de savants et d'écrivains célèbres, et le même El Kaïrouani cite à plusieurs reprises un historien nommé Ben Esch-Schemma (1).

Malgré cette défaite, les Israélites continuaient à avoir dans le pays une certaine influence, et les

(1) El Kaïrouani, loc. cit. p. 170 et *passim*. Il n'est pas impossible que la famille Schemama, l'une des plus anciennes et des plus répandues en Tunisie, descende des anciens Esch-Schemma.

autres habitants continuaient à les estimer. La ville de Bizerte garda longtemps ses gouverneurs Juifs, et leur administration était si sage et si habile que les habitants s'en montraient très fiers (1).

A partir du jour de cette défaite, les Juifs renoncèrent à jouer dans le pays un rôle politique. Plusieurs tribus embrassèrent l'islamisme et se mêlèrent au reste de la population. Il n'est pas impossible qu'il y en eût parmi elles qui, tout en embrassant publiquement l'islamisme, continuèrent, pendant longtemps encore, à exercer en secret la religion mosaïque (2). D'autres, fuyant la persécution, se sont décidées à quitter le pays et à émigrer vers le

(1) El Kaïrouani, loc. cit. p. 42. Voici d'ailleurs le passage de l'histoire d'El Kaïrouani, qui est assez curieux, et qui mérite d'être cité. On y verra que, dès cette époque reculée, on employait contre les Juifs un système qui a été, de nos jours, mis en pratique par certaines puissances de l'est de l'Europe, qui n'en ont même pas le mérite de l'invention. « J'ai entendu dire que les Juifs avaient jadis commandé à Bizerte. Plus tard, lorsque cette ville a été réduite sous le joug, les habitants des environs, pour la punir de l'insolence qu'elle avait montrée au temps de sa prospérité, choisirent le samedi pour jour de marché, afin que les citadins ne pussent pas y faire leurs approvisionnements. »

(2) On m'a assuré que, jusqu'en ces derniers temps, les habitants musulmans de Hamamet, ville dont le séjour était défendu aux Juifs jusqu'en 1881, avaient l'habitude de fermer leurs boutiques le samedi, et que toutes les femmes, le vendredi après midi, lavaient et blanchissaient leurs maisons et le dehors de leurs portes.

sud; un grand nombre enfin se décidèrent à s'établir dans les villes et à y exercer le commerce, notamment à Kaïrouan et à Kalaa. Lorsque plus tard, en l'an 911, El Mehadi fonda la ville de Mehdia (1) et El Mansour celle de Mansoura, près de Kaïrouan (2), les Juifs ne tardèrent pas à s'y établir également.

(1) La ville de Mehdia fut bâtie en l'an 300 de l'hégire, sur l'emplacement de l'ancienne Zella, par l'émir El Mehadi, qui lui donna son nom. Un faubourg de Mehdia, connu de nos jours sous le nom de Zouila, rappelle encore le nom de l'ancienne cité phénicienne צלע, dont les Romains firent Zella. La petite communauté juive de Mehdia y resta jusqu'à la prise de cette ville p r les Espagnols, en 1530. A cette époque, les Juifs de Mehdia se réfugièrent à Mokenin, où ils sont encore de nos jours. (Voir El Kaïrouani, p. 95.)

(2) La ville de Mansoura fut fondée, dans le voisinage de Kaïrouan, par le calife El Mansour, en l'an 338 de l'hégire. (Voir, à ce sujet, El Kaïrouani, p. 106.)

V

LES ISRAELITES A KAIROUAN

En même temps qu'ils faisaient prospérer leur
commerce, les Israélites de Kaïrouan ne négli-
geaient pas les études hébraïques et profanes. Il
s'y était formé une école rabbinique dont la renommée s'étendit au loin, et dont le chef, désigné
sous le nom de ראש כלה, ou plus simplement
ראש, correspondait avec les fameuses académies
de Soura et de Poumbédita (1). Il a déjà été question du médecin Salomon Schemma et de l'historien Ben-Esch-Schemma. Les écrivains arabes
nous parlent également du médecin Isaac ben
Schelomo, qui était médecin en chef du calife
Aghlabite El Mansour (334 à 341 de l'hégire) et
du médecin Isaac Israëli, médecin du calife

(1) Voir le פרים de יש״י, p. 21 b. Voir également le כפר
העטיר, p. 16 d.

Ziadeth Allah (320 à 338 de l'hégire). Ils font également mention d'un disciple du précédent, Donès ben Temim, médecin et philosophe comme lui, et dont les travaux scientifiques, fort importants d'ailleurs, ont été très estimés des savants de son temps (1).

La communauté de Kaïrouan s'était acquis, dans la ville et dans le pays, une réputation qui se répandit au loin et dont elle fut la première à profiter. Elle avait ses temples, son cimetière et sa caisse de bienfaisance, dont elle faisait usage, en particulier, pour racheter les esclaves juifs. Les Arabes n'avaient pas tardé à s'en apercevoir, et exigeaient pour les Israélites captifs un prix plus élevé que pour les chrétiens, certains qu'ils étaient de trouver à les vendre.

D'un autre côté, les juifs de Kaïrouan n'oubliaient pas leurs frères de Palestine, et envoyaient annuellement des offrandes pour contribuer à l'entretien des académies de Soura et de Poumbédita. Dans ce but, le ראש de Kaïrouan correspon-

(1) Voir El Kaïrouani, loc. cit., p. 106. Voir également Graetz, *Histoire des Juifs*, trad. française, 3ᵉ vol. p. 347 et suiv.

dait avec l'exilarque (ראש גלותא) et avec le président de l'Académie (גאון, ראש ישיבה) (1).

Toutes les fois qu'une difficulté religieuse ou liturgique se présentait, ils s'adressaient aux גאונים pour en demander l'explication ou la solution. Il est parvenu jusqu'à nous des fragments de cette correspondance, qui sont un précieux témoignage sur l'état des Juifs de cette époque.

Dès le début de sa fondation, la communauté de Kaïrouan paraît avoir reçu la visite d'un personnage important. En 772, un candidat à l'exilarcat, obligé, après le succès de son concurrent, de s'exiler de son pays, se rendit en Afrique, peut-être à Kaïrouan. Les historiens juifs du moyen âge se bornent à dire qu'il se rendit en Occident (ונטרונאי נשיא אזיל למערבא) (2). L'historien Graetz (3) assure que Nitronaï se serait établi à Kaïrouan, d'où il aurait envoyé en Espagne un exemplaire du Talmud entièrement copié de mémoire. Le peu de sécurité dont

(1) Voir ספר יוחסין du rabbin Zacuto (משה דבות) passim. Voir également ספר הקבלה להראב'ד, passim.

(2) ספר יוחסין, p. 88 a.

(3) *Histoire des Juifs*, trad. française, 3e vol., p. 321.

jouissaient à cette époque les Israélites de la Régence ferait croire que l'exilarque Nitronaï s'est fixé en Espagne.

Eldad le Danite s'est rendu d'Egypte à Kaïrouan (vers 880), où il montra aux Israélites un prétendu Talmud, qui n'était autre chose qu'une Mischna augmentée de quelques préceptes karaïtes. Les Israélites de Kaïrouan s'en méfièrent Leur méfiance fut surtout augmentée en entendant Eldad donner comme hébraïques un certain nombre de mots qui n'en avaient ni la forme ni la construction. Le Rosch demanda conseil au Ghaôn de Soura, Mor Tzemah ben Haïm, (מר רב עסח בר מר היים) qui lui fit une réponse fort ambiguë, sans oser se prononcer d'une façon catégorique (1).

Plus tard, nous trouvons une lettre de Rab Saadia Gaôn aux rabbins de Kaïrouan, en réponse à une demande qu'ils lui avaient adressée au sujet des תקופות. Nous voyons par ce document que les Juifs de Kaïrouan étaient loin de connaître le

---

(1) Voir ספר יוחסין, p. 89 a Voir aussi ספר הקבלה להראב"ד p. 40 b. Voir aussi שלשלת הקבלה du rabbin Guedalia ben Jahia, art. גאונים. Voir sur le même sujet Grætz, *Histoire des Juifs*, trad. française, 3e vol., p. 493.

système de coordination de l'année lunaire avec
l'année solaire, et qu'ils étaient contraints de se
contenter d'un calcul approximatif pour la fixation
des néoménies et des fêtes.

Nous trouvons enfin une lettre fort importante
adressée par le Gaôn Scherira (רב שרירא גאון)
aux rabbins de Kaïrouan, en l'an 1297 de l'ère
des Séleucides (לחשבון שטרות), correspondant
à l'an 987 de J.-C. (1). Nous voyons par ce document que la communauté de Kaïrouan possédait,
cent quatre vingt-dix ans après la défaite des
Israélites par Imam Edris, toute une organisation : des rabbins, des temples, des cimetières, des
institutions spéciales de secours, des écoles, etc.
Mais ce qui est surtout important à constater, et ce
que prouvent surabondamment et le texte de cette
lettre, et les diverses demandes auxquelles elle
répondait, c'est que, malgré des communications
de plus d'un genre avec des Israélites d'Orient,
ceux de l'Afrique ignoraient presque totalement

(1) Ce document est reproduit, d'une façon un peu incor-
recte, par l'auteur du ספר יוחסין et dans le סדר הדורות.
M. Beer Goldberg en a publié une édition spéciale imprimée à Mayence en 1873. — On sait que l'ère des Séleucides, appelée par les rabbins חשבון שטרות, commence
à l'année 310 avant J.-C., ou à l'année 3 350 de la création
du monde.

la loi orale (תורה שבעל פה)); ils ne possédaient, en particulier, aucune notion exacte au sujet de ce qui regarde l'histoire de la rédaction de la Mischna et de la Ghemara, et de tout ce qui se rapportait aux רבנן סבוראי et aux גאונים. Inutile d'ajouter que la מסורה leur était parfaitement inconnue.

Leurs relations avec leurs coreligionnaires de l'Orient ne se bornaient pas aux simples correspondances. Il est probable que de nombreuses personnes faisaient le voyage d'un pays à l'autre et contribuaient puissamment à établir entre les Juifs d'Asie et ceux d'Afrique des rapports de plus d'un genre. D'ailleurs Kaïrouan était le passage presque forcé des caravanes qui se rendaient d'Espagne à Bagdad et à Damas, et des relations avec l'une et l'autre contrées s'établissaient facilement. Elles ont d'ailleurs, à plus d'une reprise, été favorisées par les circonstances. Vers le commencement du xᵉ siècle, en l'an 919, un exilarque (ריש גלותא), nommé Okba, a été expulsé d'Asie et vint chercher refuge à Kaïrouan. Les Israélites de cette ville le reçurent avec beaucoup d'honneur et le proclamèrent leur chef (1).

_____

(1) Voir ספר יוחסין, p. 90 *b*. Voir également Graetz, *Histoire des Juifs*, trad. française, 3ᵉ vol. p. 351.

Okba mourut à Kaïrouan, et on dit que les musulmans bâtirent une mosquée sur sa tombe, à cause de la similitude de nom qui existait entre l'exilarque et le général musulman fondateur de la ville.

Une autre circonstance vint donner, au commencement du XIᵉ siècle, à la communauté de Kaïrouan, à la fois un chef et une consécration. C'était dans l'année 4750 de la création du monde (990 de J.-C.). Un bateau qui traversait l'archipel grec fut surpris par un chef de corsaires arabe, qui avait nom Ben Demahin (בן דמאהין), et qui était parti d'Espagne, sous l'ordre et pour le compte du calife de Cordoue, à la recherche de riches captures. Il se trouvait à bord de ce bateau quatre rabbins célèbres, de la famille des גאונים qui se rendaient de Barès à Sébaste (1). Ils ont été faits prisonniers et vendus comme esclaves. L'un d'eux, Rab Huschiël (רב חושיאל), a été débarqué à Mehdia et de là conduit à Kaïrouan, où il

_____

(1) Est-il question de Sébaste en Cappadoce, ou bien de la petite ville de Sébaste, en Cilicie ? Le texte hébreu donné par les auteurs anciens est assez obscur sur la question; il se borne à dire : היו הולכים ממדינת בארי למדינה נקראת סבסטין. La ville de départ était sans doute Barès, en Pisidie; or, pour que le navire ait été obligé de traverser l'archipel grec, on est forcé d'admettre qu'il s'agit de Sébaste en Capadoce, et non de Sébaste en Cilicie.

fut mis en vente. Les Israélites l'achetèrent, ainsi qu'ils faisaient pour tous les esclaves juifs, et voyant sa science profonde dans la loi et dans le Talmud, en ont fait le chef de leur école (ראש כלה). Ses trois compagnons de voyage ont eu des destinées différentes; l'un, rabbin Moïse, père du rabbin Hanoch, a été vendu en Espagne, et a eu le même sort que Rab Huschiel; le second, rabbin Semaria, fils d'Elkanan, a été vendu en Egypte, d'où il a sans doute regagné son pays, après qu'il fut devenu pendant quelques années chef de l'école rabbinique d'Egypte. L'histoire n'a pas conservé le nom du quatrième captif, pas plus que sa destination (1).

Ces rabbins, ainsi dispersés, réussirent à répandre la loi orale parmi les Juifs d'Afrique et d'Espagne; ils donnèrent un nouvel éclat aux écoles savantes établies dans ces pays, et dont ils devinrent l'âme. Ils furent, en outre, cause de la suppression des aumônes que les Juifs d'Espagne et d'Afrique envoyaient annuellement aux académies (ישיבות) de Soura et de Poumbédita. Ces

---

(1) Voir, pour tous les détails de cette capture, le ספר הקבלה להראב"ד, p. 41 et suiv., et le ספר יוחסין.

événements avaient lieu pendant le ghéonat de Haï, le dernier des Gheonim (רב האי גאון).

Rab Huschiel devint, non seulement le chef (ראש כלה) des Israélites de Kaïrouan, mais encore le savant le plus en renom de toute l'Afrique. On s'adressait à lui, aussi bien d'Espagne et du Maroc, que d'Egypte, et même de Syrie, pour avoir son opinion sur les difficultés liturgiques ou casuistiques. Il était d'ailleurs très versé dans les sciences hébraïques, et les ouvrages qu'il a composés, ספר המקצועות, ספר חפץ etc., le prouvent surabondamment.

Le rabbin Huschiel atteignit une grande vieillesse. A sa mort, on institua rabbin à sa place Rab Hananel, que quelques historiens appellent son fils, d'autres son élève. A côté de Rab Hananel se trouvait un autre rabbin très célèbre, également élève de Rab Huschiel, Rabbi Nissim bar Jacob, auteur d'un ouvrage très connu, intitulé המפתח לתלמוד La renommée de ces deux rabbins était universelle. Ils ont, à plusieurs reprises, servi d'intermédiaires entre le richissime Samuel Naghid, le prince des Juifs d'Espagne, qui demeurait à Cordoue, et le Gaón Haï, le dernier et le plus célèbre des Gheonim de Soura. Grâce à leur intervention, Samuel Naghid envoya souvent des secours importants, non seulement aux académies de Soura et de Poumbédita, mais aussi à plusieurs communautés d'Asie et d'Afrique, et à celles de Kaïrouan, de Mehdia et de Kalaa (1).

Ni Rab Hananel ni Rab Nissim, qui sont morts tous les deux dans la même année, ne laissaient d'enfants mâles. Rab Hananel avait neuf filles, et Rab Nissim n'en avait qu'une. Cette dernière avait été, du vivant de son père, demandée par le prince Samuel Naghid, de Cordoue, en mariage pour son fils Joseph. Rab Nissim s'empressa de la lui envoyer, mais elle était petite (quelques historiens disent naine, d'autres bossue). Joseph ne l'épousa pas, mais la retint à Cordoue, où il ne la laissa manquer de rien. Lorsque plus tard la famille du Naghid fut assassinée à Cordoue, la fille de Rab Nissim se retira à Alissana, dont la communauté pourvut très honorablement à ses besoins. Quant à Rab Hananel, il parvint à placer avantageusement toutes ses filles, car il faisait le commerce et y avait acquis une grande richesse. A sa mort, il laissa à ses héritières 10,000 pièces d'or.

(1) Voir סדר הדורות, éd. Lemberg, p. 146 et suiv.

Ces deux rabbins, nous venons de le voir, sont morts la même année (4810 de la création, 1050 de J.-C), et les auteurs hébraïques font suivre mélancoliquement l'annonce de ce double décès de cette phrase significative : ונפסקה הגמרא במדינה ההיא (Et les études furent interrompues dans cette province) (1).

Toutefois l'un des plus anciens historiens de l'époque ajoute : « Il en est resté très peu (d'études hébraïques) dans la ville de Mehdia, chez les Péni Zogmar et dans la ville de Kalaa Hamad (2), chez Ribbi Salomon Dayan, fils de Formès ; mais ces

(1) Voir, pour tous les détails qui viennent d'être cités, les ouvrages suivants :

1° ספר הקבלה להראב"ד

2° שלשלת הקבלה לר' גדליה בן יחיא

3° ספר יוחסין לר' משה זכות

4° סדר הדורות לר' יחיאל ממינסק

(2) Quelques auteurs ont cru voir, dans la désignation de Kalaa Hamad, la ville de Hamamet ou celle de Hamma, sur la route de Mehdia à Sfax, croyant que le mot Kalaa signifiait simplement château-fort ou ville entourée de murailles ; mais il est évident que c'est là une erreur provenant de l'insuffisance, chez ces auteurs, de la connaissance du pays. Il s'agit ici de Kalaa de Beni Hammad, fondée par Hammad en 1008, dans le voisinage de Kaïrouan. Le סדר הדורות, qui reproduit textuellement le passage du ספר הקבלה, met, au lieu de Kalaa Hamad, les mots קלעה המאז, ce qui veut dire Kalaa la petite, l'humble, ville qui existe encore de nos jours sous le nom de Kalaa Sgira,

rabbins n'ont pas été institués (לא נתמנו), et leur renommée ne s'est pas étendue dans le monde(1).

La science hébraïque et talmudique n'avait cependant pas si complètement disparu de la contrée, car, quelques années après, nous voyons sortir de la province l'une des lumières du judaïsme du moyen-âge, le célèbre Elfassi, commentateur du Talmud. — L'historien הראב"ד, et après lui tous les autres, nous racontent que trente-huit ans après la mort de Rab Nissim, c'est-à-dire en 4848 de la création (1086 de J.-C.), le célèbre rabbin nommé Isaac, fils de Jacob Alfassi, s'est enfui de Kalaa Hamad, parce que deux

ainsi que Kalaa la grande, dans le voisinage également de Kaïrouan. Son erreur provient d'une connaissance insuffisante des lieux. L'auteur a dû avoir connaissance de quelques lettres adressées par le rabbin Duran et ses descendants aux Israélites de Kalaa la petite; il a cru alors voir dans le ספר הקבלה une erreur de typographie et a transformé חמאד en המאך, changeant le ח en ה et le ד en ך.

(1) ספר הקבלה להראב"ד, p. 41. Le passage est assez curieux pour être reproduit; le voici : ונפטרה שניהם ופסק התלמוד מארץ אפריקא, ונשאר מעט מזער במדינת אל מהדיה בידי בני זוגמר ובמדינת קלעה חמאד ביד ר' שלמה הדיין בן פיומש, אבל לא נמצנו רובנות ולא יצא טבעם בעולם, etc. Le סדר הדורות (p. 74 a) reproduit textuellement le même passage avec la seule variante de המאך au lieu de חמאד.

Israélites, Halfa ben el Aagab et Haïm, son fils, l'ont dénoncé à l'autorité locale. L'historien fait grand éloge de ce rabbin Alfassi et déclare qu'il n'y en eut pas de plus savant depuis Rab Haï Gaôn. On le croit sans peine, en examinant le vaste commentaire du Talmud, désigné simplement sous le nom de הרי"ף, et qui est aussi connu que le Talmud lui-même — Le rabbin fugitif arriva en Espagne, où Joseph Naghid, le même qui devait épouser la fille de Rab Nissim, lui fit un accueil très empressé. Le rabbin Alfassi s'établit d'abord à Cordoue, puis, lors de l'assassinat de son protecteur, alla se fixer à Alissana, où il acquit une grande renommée. Il mourut à Alissana, en l'année 4863 (1103), âgé de quatre-vingt-dix ans (1).

C'est là tout ce que les historiens juifs nous ont rapporté de ces communautés jadis si florissantes.

(1) Voici le passage de הראב"ד dans le ספר הקבלה, p. 45 :
ועוד גדול מכלם ר' יצחק ברבי יעקב בן אלפאסי מן קלעת המאד. והתלמידם של הרב ר' נסים בר' יעקב ורב הננאל היה. וזהרלשיעו בו בארצי כלפה בן אל אעגב זחיים בנו עד שבוח וננגס בספוד בשנת ד' תתמ"ה. וכבדו ונשאו ר' יוסף הנשיא וננגס למדינת קוטבה ועמד שם מעט ואחר כך הלך למדינת אלוסנה ועמד שם עד יום מותו ונפטר בניסן שנת ד' תתס"ג וזהוא כבן צ' שנה וזהוא העמיד תלמידים הרבה

A quelle époque, et à la suite de quelles circonstances celle de Kaïrouan, la plus importante d'entre elles, a-t-elle disparu? Pour répondre à ces questions, nous en sommes réduits à des conjectures. Si nous en croyons l'historien juif que nous avons suivi jusqu'ici, הראב"ד, il rapporte qu'en l'an 4902 (1142), un certain Ben Temoura (חרב בן תמורה, le glaive de Ben Temoura, dit l'auteur) ordonna d'exterminer tous les Juifs de l'Afrique jusqu'à la ville de Mehdia, et il ajoute : A cette époque il y avait des communautés juives dans toutes les villes de l'Afrique, depuis Salé (Maroc) jusqu'à Tahrat, en Tripolitaine, à l'exception d'une province, située dans le désert de l'Afrique, et désignée sous le nom de Ouargla (1).

והבר הלכית כמ? תלמוד קטן. זמימות רב האיי גאין לא La famille Alfassi existe encore en נמצא כמותך בהגבה. Tunisie et y est très respectée. Il existe à Tunis même une synagogue, très vénérée, connue sous le nom de temple d'Alfassi, et dont une partie des revenus appartient, de droit, aux descendants de la famille. Nous trouvons plus tard, à Tunis, des rabbins de ce nom.

(1) Voici la partie la plus intéressante du passage en question : שאתה כוצא קהלות ישראל שהיו פיששות כמדינה שלא בקצה דכעוב עד התוראת כראש המעוב, וקצה אפריקא וכל ארץ אפריקא וכוצרים ...... חוץ כמדינה אחת כמעוב כמזבי שמה ורגלאן. (p. 466, ספר הקבלה להראב"ד)

Comparons ces données à celles que nous four-
nissent les historiens arabes, principalement Ibn
Khaldoun et El Kaïrouani, et voyons jusqu'à quel
point les renseignements qu'ils nous donnent
concordent avec ceux des historiens juifs. Ici nous
n'avons sous les yeux que des sources peu sûres,
des documents dus à des plumes souvent hostiles,
toujours indifférentes aux Juifs, et n'en faisant
mention qu'autant que les événements qui les
concernent se mêlent à l'histoire des Arabes. Il
est vrai que de leur côté les historiens juifs ont
peu étudié l'histoire du peuple proprement dit, le
סדר הקבלה, le ספר יוחסין, etc., ne se préoccupent que des écoles talmudiques, des rabbins qui
les ont dirigées, et des rapports de ces derniers avec
leurs coreligionnaires d'Espagne et de Syrie.
Quant à savoir quelle était, à cette époque, l'importance numérique des Juifs de Tunisie, combien
ils formaient de communautés, comment celles-ci
s'administraient et d'où elles tiraient leurs ressources, quels étaient les grands centres de leur
activité morale et matérielle ; quant à se demander
quelles étaient leurs mœurs, leurs habitudes, leurs
usages, etc., personne ne s'en est occupé, et nous
sommes forcés de nous en tenir aux conjectures,

et de faire à ce sujet des suppositions plus ou moins vraisemblables.

Le grand voyageur juif du moyen-âge, Benjamin de Tudèle, qui parcourut, de 1160 à 1173, presque toutes les villes du monde où existaient des communautés juives, ne vint pas en Tunisie ; il se contenta d'arrêter son excursion à l'Egypte, d'où il regagna par mer l'Italie (1).

Les historiens arabes nous parlent de diverses persécutions dont la Tunisie fut le théâtre, principalement sous le règne agité d'El Moez (1013 à 1061) et de ses successeurs. Ainsi en 1045 il y eut à Kaïrouan une grande persécution contre les sectes hétérodoxes de l'islamisme. En 1050, la même année de la mort de Rab Hananel et de Rab Nissim, les Arabes d'Egypte vinrent faire la

(1) M. de Chateaubriand, dans son *Itinéraire de Paris à Jérusalem*, donne, selon Benjamin de Tudèle, d'où il dit l'avoir relevé la plume à la main, le nombre exact des Juifs habitant les villes que le célèbre voyageur juif a parcourues. M. de Chateaubriand, commettant en cela la même erreur que Constantin l'Empereur, dont il a suivi la traduction, se trompe en comprenant Tunis dans cette liste. Benjamin parle d'une ville qui se trouve à une journée de Damiette et qu'il appelle טנים, en ayant soin d'ajouter היא חנס, et plus loin והיא אי בתוך הים ; enfin, pour plus d'exactitude, il ajoute : ועד הנה מלכות מצרים. D'ailleurs la ville (ou l'île) de חנס est mentionnée dans la Bible comme une ville égyptienne (Isaïe xxx, 4).

guerre à El Moez, pillèrent Kairouan et se ren-
dirent maîtres de toute la contrée, qu'ils ruinèrent
totalement. El Moez dut battre en retraite et se
réfugier à Mehdia (I). Il est impossible que les
Juifs aient été épargnés pendant tous ces boule-
versements. La mort simultanée des deux rabbins
'année même de cette guerre fait supposer qu'ils
ont succombé victimes de cette révolution. Peut-
être est-ce à cet événement que fait allusion l'historien juif en disant : ונפסק הגמרא במדינה ההיא.
Il est donc permis de croire que c'est à cette
époque que disparut en grande partie la com-
nauté Juive de Kaïrouan. Toutefois il dut y rester
des vestiges d'un groupe organisé, sans quoi
l'historien juif הראב״ד aurait parlé de cette dis-
parition, et surtout n'aurait pas été si affirmatif,
lorsqu'en relatant le massacre ordonné par Ben
Temoura, il soutient qu'à cette époque (1142,
soit quatre-vingt-douze ans après cet événement),
il y avait des Juifs dans toutes les villes importantes de l'Afrique, excepté à Ouargla.

Il est vrai que la province fut tellement secouée
et bouleversée pendant la deuxième moitié du

---

(1) El Kaïrouani, loc. cit. p. 139 et suiv , p. 141 et suiv.

xie siècle et le commencement du xiie, que le séjour dut en être intolérable aux Juifs; mais rien ne prouve que toute trace d'Israélites ait disparu de Kaïrouan à cette époque. Il est beaucoup plus rationnel de supposer qu'il n'y eut pas alors d'exode en masse, et qu'à la suite des nombreuses attaques dont la ville fut le théâtre, la plupart des Israélites quittèrent la ville et allèrent chercher ailleurs un séjour plus tranquille.

VI

ETABLISSEMENT DES ISRAÉLITES
A TUNIS ET DANS LES VILLES
DE LA RÉGENCE

———

Pendant la seconde moitié du xiᵉ siècle et la première moitié du xiiᵉ, les Israélites, sans quitter Kaïrouan en masse et simultanément, ont dû l'abandonner petit à petit, pour s'établir dans les villes qui prenaient plus d'importance et qui leur offraient plus de sécurité. La ville de Tunis surtout devait exercer sur eux un attrait tout puissant. Elle devenait chaque jour plus riche et plus prospère, et peu à peu les Juifs de Kaïrouan et des environs ont dû s'y établir en grand nombre (1).

(1) Un des rédacteurs des « Archives Israélites » (nᵒ du 28 juin 1883) prétend que les Israélites et les Chrétiens de Kaïrouan en ont été expulsés en 1035. Cette date est sans doute erronée, aucun événement de ce genre n'est signalé à Kaïrouan en 1035. D'ailleurs Rab Hananel et Rab Nissim, au dire des historiens juifs du moyen âge, sont morts à Kaïrouan en 1050 (4810 de la création).

A ce moment, il venait de se passer à Tunis un événement d'une immense importance pour les Juifs.

On sait qu'autrefois il n'était pas permis aux étrangers d'habiter la ville de Tunis, et que ce n'est que grâce aux efforts incessants des puissances européennes qu'on finit par accorder à chaque groupe (plus tard à chaque nationalité) l'autorisation de s'établir dans des bâtiments spéciaux connus dans le pays sous le nom de *Fondouks*. Ces bâtiments étaient situés près des portes de la ville ; jusqu'au commencement de ce siècle, il n'était pas permis aux Européens, pas même à leurs consuls, d'habiter le reste de la ville. Léon L'Africain, mort à Tunis en 1551, parle de ces *fondouks* comme d'existence fort ancienne.

Or au début, les Juifs, traités en étrangers, avaient également leur fondouk, qui était situé près de la Porte de la Marine (Bab el Bahar), d'après le témoignage de Léon l'Africain (1). Ce

(1) Voir Léonis Africanis, livre V, chap. xxi. Voir également Clarin de la Rive, *Histoire de la Tunisie*, p. 278 et suiv. L'existence du fondouk des Juifs est établie d'une façon positive. Outre la mention qu'en fait Léon l'Africain, il en est question dans une demande adressée par un nommé Joseph Zimron, de passage à Tunis (ביושי בתונס) au petit-fils du rabbin Simon ben Zemah Duran, Semah ben Sche-

_f_ondouk, contenant une quarantaine de chambres, était le seul coin de la ville où les Israélites pussent passer la nuit. Ceux qui ne pouvaient pas y trouver place étaient obligés de se réfugier à Millassin, petit village à 1 k. des anciennes murailles de Tunis, et désigné encore aujourd'hui familière- ment par les musulmans sous la dénomination de _Blad el Yehoud_ (ville des Juifs), bien que pas un Israélite n'y habite plus depuis longtemps. Ils venaient le jour faire leurs affaires à Tunis et s'en

lomo, demande que celui-ci a consignée dans son ouvrage intitulé יכין ובעז. On voit dans cette demande que le fon- douk habité jadis par les Israélites était assez éloigné du nouveau quartier qui leur avait été assigné. Voici d'ailleurs quelques passages fort curieux de cette demande, ou plutôt de la réponse qui y est faite : כיון שהוא רחוק מאד משכנת היהודים.....וגם׳ טאירע בב׳ה זה אשר בתוגם. לפי שבתחלה כשבנאורי היו אנשים מעטים. והזי כל היהדים אשר שמה גם אם יבואי אבסנאים אחיים ויצטרפו עמהם יכוליז להתפלל בי והוה בניגל כלם. מה שא׳׳כ עכשיז שאי איפשר לבית הזה להכיל את כל היהדים הנכמצאם שם אש׳ רוצים להתפלל בי ען כי הם עתה קהל גד ל והבית קטן בערך וביהס להם מה ש׃א היה כן בתחהה וע׳׳ד מפני ריחזק הבמקום מה שלא היה כן מחא׳ה להיות שאיתם אנשים שבנאוהי היז דר ם בפוגזק זה אשר היה בני׳ בו הב׳׳ה הזה.....אבל עכשיו אין הדבר כן. לפי שהיהודים איגם דר ם היום באותו פונדק ולא כי ע׳ לו, אבל הם דרים בשכ גתם שיש להם היום במקום שהוא וחזק מאד בדפינגזק שהיה בי ב׳׳ה — שי׳׳ת יכין ובועז. 1er vol. rép. 132, p. 41 et suiv.

retournaient, avant le coucher du soleil, à Millassin, où ils avaient, sans doute, leurs familles.

Le fondouk qu'habitaient les Israélites de Tunis
était leur propriété ; il formait un grand corps de
bâtiment composé d'un rez-de-chaussée et d'un
premier étage. Une quarantaine de familles y
logeaient. Une petite chambre très exiguë du premier étage avait été consacrée comme temple, et
servait de synagogue. C'est là que les Israélites
de Tunis se réunissaient trois fois par jour pour y
faire leurs prières en commun. Le samedi après
midi, on s'y réunissait également pour lire et
commenter la Bible (1).

Vers le milieu du xiiᵉ siècle vivait à Tunis un
musulman, Sidi Mahrez, qui est plus tard devenu
le patron de la ville. C'est lui qui en répara les
murs, qui y bâtit une grande mosquée portant
encore aujourd'hui son nom, et qui donna à la
ville un grand éclat. Sidi Mahrez eut pitié des Israélites et les prit sous sa protection. Le même Sidi
Mahrez avait pris une part très grande à la défaite
des Normands par Abd el Moumen, en 1159. Les
Juifs de Tunis, pendant cette guerre, avaient,

(1) Voir שו״ת הרשב״א, demande 274, p. 51 a et suiv.

paraît-il, apporté aux musulmans des vivres et des vêtements. Lorsque Abd el Moumen revint victorieux, Sidi Mahrez l'intéressa au sort des Israélites; il obtint pour eux l'autorisation de s'établir dans un quartier de la ville, situé dans le voisinage de sa mosquée. Il leur fut permis d'y acquérir des propriétés, d'y bâtir des maisons et des temples et de s'organiser en communauté ouverte (1). La tradition assure que c'est Sidi Mahrez lui-même qui aurait désigné l'emplacement de la première synagogue du nouveau quartier juif, en lançant son bâton du haut du minaret de sa mosquée (2). La position de la Hara (quartier juif) et de la *Sla Kbira* (grande synagogue) par rapport à la mosquée de Sidi Mahrez rend cette assertion vraisemblable.

Ce nouveau quartier israélite formait, jusqu'en 1857, un véritable ghetto, qu'on fermait la nuit, et qui était exclusivement habité par les Juifs.

Cette liberté très importante, accordée aux

(1) Voir שו"ת יכין ובועז, dem. 132, p. 41 *a* et suiv.

(2) Ce mode de désignation d'un emplacement au moyen d'un bâton lancé par un chef est encore aujourd'hui très fréquent, non seulement chez les musulmans, mais encore chez les Israélites de Tunisie. C'est ainsi qu'à la mort d'une femme de mauvaise vie, l'emplacement de sa tombe est désigné par le bâton lancé par le chef de la *Hébra*.

Israélites de Tunis, a dû contribuer puissamment à y attirer ceux dont l'existence était si précaire ailleurs, et qui espéraient profiter des faveurs accordées à leurs frères.

Quelques années après, l'établissement à Tunis de la dynastie tolérante et hospitalière des Hafsites, en 1204, a dû également y attirer beaucoup d'Israélites. Abou Zaccaria, le premier de cette famille qui porta le titre d'Emir (1229), qui fit tant d'efforts pour enrichir et embellir Tunis, qui y fonda les Souks, ainsi qu'un grand nombre d'écoles et de bibliothèques, ne pouvait pas négliger d'attirer dans sa ville de prédilection un élément aussi important que les Juifs pour la prospérité de la cité. Nul doute qu'il fît tout son possible pour les y faire venir. Nous verrons bientôt à la suite de quels événements ces heureuses circonstances se modifièrent. —

Mais en même temps que la communauté de Tunis recevait le contingent le plus important d'Israélites, les autres centres accueillaient également des émigrants ; nous en trouvons à Mehdia et à Kalaa ; une communauté bien importante s'était également formée dans l'île de Djerba.

Maïmonide, qui traversa à cette époque (vers

1165) la Méditerranée pour se rendre en Egypte, fit escale en Tunisie, et nous laissa un curieux portrait des Israélites de ce pays, surtout de ceux de Djerba. Remarquons en passant que le célèbre philosophe est le premier écrivain juif qui fasse mention des Israélites de Tunis. — Dans une lettre qu'il adresse à son fils, il lui fait, des Israélites du nord de l'Afrique, un portrait nullement flatteur, qu'il applique au début aux Israélites de Djerba ; puis, généralisant ensuite, il applique sa critique à tous les Juifs de la Berbérie orientale, à tous ceux qui habitent le pays depuis Tunis jusqu'à Alexandrie. Le passage est tellement curieux et caractéristique, qu'il mérite d'être cité en entier ; le voici : « Garde-toi bien de quelques personnes qui habitent l'ouest, un pays appelé D'erba, pays de Berbérie. Ces hommes ont beaucoup de sécheresse et de lourdeur de caractère. En général garde-toi toujours bien des hommes qui demeurent en Afrique, depuis Tunis jusqu'à Alexandrie, et de ceux qui habitent également les montagnes (ou les côtes) de Berbérie. Ils sont, selon moi, plus ignorants que le reste des hommes, bien qu'ils soient très attachés à la croyance en Dieu. Le ciel m'est témoin (que je crois) qu'ils ne sont comparables qu'aux Caraïtes, qui nient la loi orale. Ils ne manifestent aucune clarté d'esprit dans leurs études de la Torah, de la Bible et du Talmud, ni même lorsqu'ils discutent les *Hagga-doth* et le texte des lois, bien qu'il y en ait quelques uns d'entre eux qui soient rabbins-juges (Dayanim). Ils ont, relativement aux femmes impures (Nidda), les mêmes croyances et les mêmes pratiques que les *Bene Meos* (sans doute les Arabes soumis à El Moez, qui régnait à cette époque en Tunisie), qui sont un peuple musulman habitant le même pays. Ils ne regardent pas la femme impure, et n'arrêtent leurs yeux ni sur sa taille ni sur ses habits; ils ne lui adressent point la parole, et ils se font scrupule de fouler la terre que son pied a touchée. De même, ils ne mangent pas le quartier de derrière (l'arrière-train) des animaux abattus. Enfin il y en a long à dire encore sur leurs usages et leurs actions (1).

(1) Le passage, peu connu parmi les Juifs de Tunisie, mérite d'être reproduit dans le texte : וגם כן שמור עצמך
ממקצת אנשים שהם שוכנים בכוערב הנקרא אל ד"יורבי והם
ממקומות אשר הם בארצות ביבריאה כי יש להם יובש וטבע
גס. והזק השמירה יהיה לך תמיד מאד מן האנשים השוכנים
בין תונים ובין אלכסנדריאה של מצרים ושוכנים גם כן בהרי
ברבריאה כי הם יותר טפשים אצל משאר בני אדם. אע"פ שהם
חזקים מאד באמונה והשם ית' עד וד"ין עלי שאינם אצלי אלא

Ce passage de Maïmonide nous montre bien les Juifs de Tunisie à cette époque, connaissant peu les lois orales, se contentant de pratiquer les préceptes de la Bible au point de se faire comparer aux Caraïtes. Des rabbins fort instruits ont eu beau établir des écoles talmudiques, préconiser les études rabbiniques, rien n'y fait ; les écoles disparaissent avec leurs fondateurs. Le peuple, qui n'a pas pris part au mouvement talmudique, y reste presque étranger, et cette ignorance se manifeste dans toutes les occasions. Nous en avons eu des preuves lors du premier établissement des Juifs dans le pays ; nous avons vu leurs lettres aux Ghéonim, nous voyons l'appréciation de Maïmonide, nous verrons bientôt les demandes qui sont

כדמות דקראיב הכופרים בתורה שבעל פה, ואין אצלם זכות מוח כלל בכל עסקיהם בתורה ובמקרא ובתלמוד ולא בהיותם דורשים בהגדות ובהלכות זקצת מהם דיינים. יאמינו וינהגו בענין הגדה כמו שיאמינו וינהגו בני מאום והם אומה מן האומות הזרום בארצות הישמעאלים ולא יראו הגדה כלל ולא יעיינו בקימתה ולא במלבושיה ולא ידברו עמה, ואיסרים ללכת בקוקע אשר דרכה כף וגלה ולא יאכלו מבשר הבהמה דרביע האהרון ודברים ארוכים רבים יותר מאלו שיש לדבר בדם ובמנהגיהם ובמעשיהם (אגרת הרמב"ס) éd. Berlin, 1757, p 3 a. Joseph Karl Neyman, éditeur). — Inutile d'ajouter que toutes les fois que dans ce passage Maïmonide parle de אנשים et de בני אדם, c'est des Israélites qu'il veut parler.

adressées, dans la seconde moitié du xive siècle, au rabbin Duran à Alger. Nous voyons partout que la loi orale est restée pour les Juifs tunisiens quelque chose d'étranger et de presque inconnu, auquel ils ont, pendant bien longtemps, refusé une grande autorité.

Pendant la fin du xiie siècle et le commencement du xiiie, les Juifs de Tunisie, sous l'administration bienveillante des premiers Hafsites, jouissaient d'une tranquillité relative. Les communautés se formaient et s'organisaient à Djerba, Kaïrouan, Hamamet, Kalaa, Medhia, Sfax ; l'expulsion des Juifs de la Sicile avait amené dans la Régence un grand nombre d'émigrants, lorsqu'un prince fanatique, Abd Allah Mestamer Billah, de la famille des Hafsites, vint à régner en Tunisie (1247 à 1275). L'ardeur prosélytique de ce prince, déjà très religieux, fut vivement surexcitée par les croisades des chrétiens qui, sous les ordres de St-Louis, vinrent d'abord en Egypte, puis en Tunisie, combattre dans leur pays les sectateurs de Mahomet. Les historiens arabes eux mêmes, si indifférents au sort des Juifs, ont conservé le souvenir des avanies sans nombre dont ils eurent à souffrir sous le règne de ce prince cruel (1). Ceux qui habitaient Kaïrouan ou Hamamet ont dû quitter la ville ou se convertir à l'islamisme. Il y en a eu, sans doute, dont la conversion n'était qu'apparente et qui pratiquaient en secret, pendant un grand nombre d'années, le culte de leurs pères. La conversion réelle n'est venue qu'à la longue ; encore resta-t-il dans un grand nombre de familles aujourd'hui musulmanes des usages qui indiquent leur origine première. Il en est dont les magasins sont fermés le samedi ; d'autres dont les seuils des maisons sont nettoyés et blanchis le vendredi soir, etc. C'est sans doute pour empêcher tout contact entre ces nouveaux convertis et leurs anciens coreligionnaires que l'accès des villes de Kaïrouan et de Hamamet, où ont dû avoir lieu des conversions en masse, a été depuis lors interdit aux Israélites (2).

(1) El Kaïrouani, loc. cit. p. 224 et suiv.

(2) Les villes de Kaïrouan et de Hamamet, considérées par les musulmans comme villes saintes, ne pouvaient, jusqu'au moment de l'occupation française, être habitées, ni même visitées, que par des mahométans. Il fallait une autorisation spéciale du bey pour en permettre l'entrée à un Européen ou à un Juif. En aucun cas, il n'était permis à un non-musulman d'y passer la nuit. Cette interdiction rigoureuse, établie d'abord pour les Israélites, a été depuis étendue aux chrétiens.

A partir de la fin du XIIIᵉ siècle, toute trace
d'histoire de Juifs de Tunisie disparaît. Les documents font absolument défaut ; aucun ouvrage ne
nous retrace la vie de ce groupe d'Israélites, le
développement des communautés, leurs progrès
matériels, moraux et intellectuels (1). Les historiens arabes font de temps en temps des mentions
de ce genre : « En cette année il y eut un grand
massacre de Juifs : » ou bien « en cette année
il y eut une grande persécution contre les Juifs »,
et c'est tout (2).

(1) Mentionnons ici une tradition assez répandue chez les
Juifs de Tunisie, d'après laquelle le rabbin Abraham Ibn
Ezra aurait été à Tunis. On conserve dans le grand temple,
dans un placard muré, une Bible qu'on dit avoir appartenu
au célèbre commentateur. Cela est peu croyable, et il est
plus simple de supposer que la tradition n'est venue que
plus tard, pour expliquer l'existence du livre, qui était un
simple ספר עזרה, destiné à faire les corrections aux rouleaux
de la Loi ; plus tard, lorsque les livres imprimés devinrent
communs, le ספר עזרה devint facilement ספר עזרא, et pour
expliquer la présence de ce volume au temple, on a imaginé le voyage d'Ibn-Ezra. Quoi qu'il en soit, on a placé
sur la porte murée de ce placard, devant laquelle il y a
toujours une lampe allumée, une inscription dont voici la
copie :

ספר הרב רבי אבוהם בן עזרא זיע׳׳א
כל מי שמדליק נר לפניו אשריו
בעולם הזה וטוב לו לעולם הבא אמן.

(2) Voir El Kaïrouan, loc. cit. *Passim*. Voir également
le géographe Edrissi.

On peut toutefois essayer de reconstituer tant
bien que mal les événements qui ont intéressé les
Juifs à cette époque, et l'état moral et matériel des
Juifs et des communautés. En fouillant dans l'é-
norme recueil des consultations rabbiniques
(שאלות ותשובות), on trouvera quelques renseignements qui jettent un peu de lumière sur
cette époque obscure. Il ne faudra pas, sans doute,
s'attendre à trouver dans ces ouvrages des notions
historiques bien nettes ou écrites dans l'intention
de conserver la mémoire de faits survenus; les
auteurs, dont ce n'était pas là le but, se contentent
tantôt de transcrire les demandes qui leur ont été
faites, tantôt de les paraphraser dans leurs réponses, qui ont toujours pour but l'éclaircissement
d'un point obscur de droit, de liturgie ou de casuistique. Mais dans ces notes, dans les demandes
surtout, se trouvent quelquefois des détails qui
répandent un peu de jour sur l'histoire et la situation des Israélites, et sur leurs progrès matériels,
moraux et intellectuels.

Au premier rang de ces ouvrages, comme antiquité et comme importance, doit se placer le
תשב״ץ, dû à la plume du célèbre rabbin Simon
ben Zemah, dit Duran. Ce savant docteur, parent

du célèbre Léon de Bagnols (רלב"ג) (1), et qui
s'était fait remarquer très jeune, en 1364, par sa
traduction en hébreu d'un ouvrage arabe, quitta
en 1391, à la suite d'une loi d'exil, Barcelone, sa
ville natale, où il exerçait les fonctions de rabbin,
et vint s'établir à Alger. Il y fut bientôt suivi
par une pléiade de savants et d'étudiants, à la tête
desquels se trouvait le célèbre הריב"ש, son ancien disciple et collègue (תלמיד חבר), qui
était rabbin à Majorque (2).

Les Juifs de Tunisie étaient alors retombés dans
une ignorance absolue. Le mot de l'historien ancien
ונפסקה הגמרא במדינה ההיא, était devenu
une vérité absolue. Ils n'avaient point de rabbins,
point de livres, point de relations avec les centres
d'études hébraïques ; la tradition se perdait presque. Ils étaient loin, les temps où de toutes les
parties du monde, on avait recours aux lumières

(1) L'auteur du ססר יוחסין affirme que Duran était le
petit-fils de Léon de Bagnols. Dans la note que Duran a
faite de ses ouvrages, et qui a été imprimée à la fin du 3me
volume de תשב"ץ, il parle de רלב"ג, en le qualifiant de
קרוב.

(2) L'auteur du ספר יוחסין se trompe certainement en donnant (p. 101 a), pour l'exil de ces rabbins, la date de 5155
(1395). Duran lui-même, dans la préface de son תשב"ץ,
donne la date de 5151 (1391) pour son arrivée à Alger.

des rabbins de Kairouan ! Mais les relations d'affaires et de commerce étaient fréquentes entre la Tunisie et l'Algérie, et les Juifs prenaient une large part à ces relations. Des rapports de famille n'avaient pas tardé à se nouer également entre les Juifs des deux Régences, et nous voyons souvent les habitants de l'une venir contracter mariage dans l'autre. Les Israélites de Tunisie profitèrent de l'éclat que les nouveaux-venus, Duran surtout, jetaient sur la communauté d'Alger ; ils s'adressèrent à ce dernier pour obtenir la solution d'une foule de questions et l'explication de difficultés juridiques ou liturgiques. Duran répondait d'ailleurs fort exactement à toutes ces demandes, qu'il transcrivait dans ses écrits, ainsi que ses réponses.

C'est le recueil de cette volumineuse correspondance que Duran entretenait avec les Juifs d'Algérie, de Tunisie, d'Espagne, de France, etc., qui forma les trois premières parties de l'ouvrage connu sous le nom de תשובות שמעון בן (תשב"ץ עמח) (1). Aucune de ces lettres ne porte de date, mais l'auteur a soin de nous faire savoir, à la fin

_____

(1) Nous nous rapportons, pour tout ce qui suit, à l'édition Proops, d'Amsterdam, 1738.

du troisième volume de son ouvrage, qu'il l'a composé à la fin du xive siècle et au commencement du xve.

En second lieu, nous trouvons un volume de שו"ת, faisant suite au תשב"ץ, et qui a pour auteur le propre fils de Simon Duran. Il est connu sous le nom de שו"ת הרשב"ש (1). Vient ensuite un volume intitulé שו"ת יכין ובעז, divisé en deux parties, et ayant pour auteurs les deux fils du précédent (2).

Ici nous trouvons une lacune de près d'un siècle, puis vient un ouvrage intitulé חוט המשלש, ouvrage imprimé à la suite du תשב"ץ, dont il forme la quatrième partie. Le חוט המשלש, ainsi que l'indique son titre, est composé de trois parties, dues à trois descendants successifs de Simon Duran, dont les noms sont : Salomon Duran, Salomon Serour et Abraham Ibn Toua. L'auteur de la seconde partie de cet ouvrage, Salomon Serour, a séjourné à Tunis pendant quelque temps, à la suite, dit-il dans son livre, des malheurs qui l'ont assailli

(1) Edité à Livourne, chez Abraham Meldola, en 1742.

(2) Edité à Livourne, chez Abraham Castello et Lazare Saadon, en 1782.

dans sa patrie (l'Algérie) et sur lesquels, d'ailleurs, il ne s'étend pas davantage (1). Le dernier de ces ouvrages s'étend jusque vers le milieu du XVIIᵉ siècle.

Nous trouvons ensuite une source considérable de renseignements dans un ouvrage du même genre, intitulé : משכנות הרועים (2), et dont l'auteur est un rabbin tunisien, avocat de son métier, appelé Ouziel el Hafek. L'auteur, qui a rédigé son ouvrage vers 1790, a réuni, tantôt sous forme de demandes et réponses, tantôt sous forme de décisions rabbiniques, une collection d'environ 1,500 sujets divers, se rapportant pour la plus grande partie à Tunis. Là se trouvent transcrites un grand nombre de décisions rabbiniques (מעשה בית דין), de conventions (הסכמות) de dispositions (תקנות), prises en vue d'intérêt général, et une foule de cas particuliers, le tout réuni sous la forme alphabétique.

C'est dans cet arsenal de documents, dont la

---

(1) Voir חוט המשולש, 2ᵉ vol., réponse à la demande 16, p. 61 a. Il y est dit : להיות שאני גר מתגורר באוץ הזאת ולבי בל עמי משמועות יבהלוני מארץ מולדתי מיד ה' אשר היא הוה שם........

(2) Imprimé à Livourne, chez Elie Bénamozegh, en 1860.

plupart sont indifférents au sujet qui nous préoc-
cupe, qu'il faut tâcher de puiser quelques renseignements permettant de reconstituer l'histoire
des Israélites de Tunisie du XIIIe au XVIIIe siècle.
C'est de cette nombreuse correspondance que
nous tâcherons de déduire leur état matériel,
moral et intellectuel. Ces renseignements, fort
incomplets et défectueux, jetteront quelques
rayons de lumière sur un sujet encore obscur et
inexploré, et faciliteront la tâche de l'historien
qui s'occupera plus tard de la question, et qui
disposera de sources plus sûres et plus nombreuses.

VII

LES ISRAELITES DE TUNIS
DU XIIᵉ AU XVIIᵉ SIÈCLE

———

A l'époque où le rabbin Duran était venu à
Alger, la communauté juive de Tunis était composée d'une partie sédentaire, faisant son commerce dans la ville même, et d'une autre partie
dont les affaires étaient au dehors et qui quittaient
la ville le dimanche pour n'y rentrer que le vendredi (1). Elle ne faisait qu'ébaucher une organisation du culte. Nous avons vu que les études
religieuses étaient presque totalement abandon-
nées, et que rien ne rappelait les vastes lumières
de la communauté de Kaïrouan, ni de celle de

(1) Voir חשב"ץ, 1ʳᵉ partie, dem. 124, p. 62 *a*.

Kalaa Hamad. Les rabbins étaient devenus fort rares ; à un moment même il n'y en avait pas du tout. Ainsi nous trouvons plusieurs lettres de Duran adressées à Tunis *aux fidèles* (ou *aux notables*) *qui y habitent* (1). La plupart des lettres qu'il adresse à Tunis, aussi bien que celles écrites par son fils Salomon, sont adressées à des rabbins orientaux ou algériens de passage à Tunis. C'est ainsi que nous trouvons un rabbin Hakkim, un rabbin Sasportès, que la communauté de Tunis tâchait de retenir auprès d'elle le plus longtemps possible, pour suppléer à l'absence totale des rabbins indigènes.

On sait que dans les pays musulmans, la justice a toujours été considérée comme faisant partie du culte, et administrée par les chefs religieux ; aussi les gouvernements ont-ils toujours laissé aux chefs des communautés israélites le soin de rendre la justice à leurs coreligionnaires. Cette justice se rendait, naturellement d'après les principes de la loi juive. C'étaient généralement les rabbins, là où il y en avait, qui étaient chargés de prononcer les jugements et de rendre les sentences. Or,

---

(1) שם אשר שם ou שם אשר לנאמנים להודים שם, voir תשב״ץ, *passim.*

les docteurs de la loi avaient disparu à Tunis. On
y organisa un conseil de vieillards, qui menait
comme il le pouvait les affaires de la communauté. Il se réunissait à la synagogue, et les plai-
deurs se présentaient devant lui et exposaient
leur cause. C'était une sorte de tribunal arbitral,
devant les décisions duquel tout le monde s'in-
clinait. Les anciens rendaient la justice selon leur
conscience, d'après ce qu'ils croyaient juste et
utile dans l'intérêt de la communauté naissant e

Mais le rendement de la justice n'était pas la
fonction la plus importante du conseil des anciens. Son rôle principal était de s'occuper des intérêts généraux de la communauté ; c'est dans ce
but qu'il prit certaines dispositions et établit des
règles en vue de l'intérêt général, au sujet des
mariages, des divorces, des décès, des succes-
sions, etc., ainsi qu'au sujet des revenus de la
communauté, dont il confiait l'administration
matérielle à une commission de sept membres
choisie dans son sein et qu'on désignait sous la
dénomination de sept notables de la ville (שבעה
טובי העיר) (1).

(1) Voir תשב"ץ, 1er vol., dem. 121, p. 62 *a* et suiv.; 2e
vol., dem. 5, p. 4 *b*; voir également שית יבין ובער, 1er vol.,
dem. 132, p. 41 *a*.

Nous venons de voir que les études hébraïques étaient totalement négligées en Tunisie ; les connaissances bibliques étaient complètement oubliées ; celle du Talmud l'était encore davantage. Nous voyons, d'après les questions qu'elles posent aux rabbins d'Alger, à quel point les communautés, autrefois si florissantes, étaient dans l'ignorance des choses les plus élémentaires de la loi juive (1). On y ignorait jusqu'au formulaire du rituel, et on n'était pas au courant des changements qu'il fallait y faire à l'occasion des fêtes (2). On n'avait qu'une idée fort vague de l'importance relative des fêtes, des jeûnes, etc. (3), ni de ce qu'il était permis ou prohibé de faire pendant les jours consacrés au repos (4). Ceux qui étaient chargés d'abattre les bestiaux étaient loin d'être familiers avec les lois de la שחיטה, et avaient besoin de s'adresser à l'étranger pour des cas

---

(1) Voir תשב"ץ, 1er vol., dem. 14, p. 13 a; dem. 95, p. 48 a; 2e vol., dem. 12, p. 5 b; voir aussi שו"ת הרשב"ש, dem. 250, 251, p. 45 α.

(2) Voir תשב"ץ, 2e vol., dem. 12, p. 5 b; dem. 14, p. 6 a.

(3) Voir תשב"ץ, 2e vol., dem. 6, p. 4 b; dem. 11, p. 5 b; 3e vol., dem. 52, p. 16 b.

(4) Voir תשב"ץ, 2e vol., dem. 10, p. 5 b.

excessivement simples et élémentaires (1). On
ignorait même les choses qu'il était permis ou
prohibé aux Israélites de manger (2).

Les rares rabbins qui se trouvaient, de temps à
autre, de passage à Tunis, étaient assaillis de demandes litigieuses ou de questions sur des difficultés religieuses ou liturgiques ; les Israélites faisaient des efforts ou s'imposaient des sacrifices
pour retenir parmi eux ces rabbins voyageurs.
Pendant plusieurs siècles, nous ne trouvons pas
trace d'un seul rabbin instruit originaire de Tunisie. Tout ceux dont il est fait mention dans les
consultations de l'époque, et qui paraissent posséder quelques connaissances, sont originaires de
l'Orient ou de l'Algérie (3).

C'est sans doute à cette absence presque absolue de chefs religieux qu'il faut attribuer la foi
chancelante et les croyances peu sûres qu'on

(1) Voir שו"ת הרשב"ש, dem. 359, p. 69 b.

(2) Voir שו"ת הרשב"ש, dem. 623, p. 129 b; voir encore
שו"ת יכין ובעז, 1er vol., dem. 76, p. 23 a.

(3) Voir תשב"ץ, 1er vol., dem. 11, p. 13 a; dem. 93, p.
48 a; dem. 121, p. 62 a; 2e vol., dem. 236, p. 47 b; 3e vol.,
dem. 50, p. 16 a; voir aussi שו"ת הרשב"ש, dem. 247, p.
44 b; voir également שו"ת יכין ובעז, 1er vol., dem. 132,
p. 41 a.

constate à cette époque chez les Israélites de Tunisie. Les bases en étaient si peu solides que dans des circonstances où ils étaient embarrassés, ils n'hésitaient pas, lorsqu'ils ignoraient les précédents ou les usages établis par la loi juive, à se conformer à la loi musulmane. Dans une demande faite par les notables de la ville, ils citent la loi musulmane à l'appui de leur dire (1).

La situation que faisaient aux Israélites les musulmans maîtres de la ville était lamentable. Pour les mahométans, les Juifs étaient des êtres inférieurs, faits pour les servir. Aussi, ils les tuaient avec une grande facilité. Les meurtres étaient tellement fréquents que les Israélites eux-mêmes finissaient par ne presque plus s'en émouvoir et par considérer presque avec indifférence ces assassinats occasionnés par le fanatisme et la haine (2). Ils étaient tellement exposés à être dépouillés que des dispo-

---

(1) Voir תשב"ץ, 1er vol., dem. 93, p. 48 a; voir aussi שו"ת הרשב"ש, dem. 110, p. 21 a; dem. 317, p. 68 a. Dans la première de ces demandes, à propos d'une contestation entre Juifs et Arabes, le demandeur va jusqu'à dire שדינם נתן השבועה.

(2) Voir שו"ת יכין ובעז, 1er vol., dem. 133, p. 42 a.

6

sitions spéciales ont dû être adoptées à ce sujet, afin de régler les responsabilités (1).

Ils ne trouvaient d'ailleurs aucune protection auprès du gouvernement local, qui les traitait au contraire avec beaucoup de dureté, et qui portait à leur commerce des entraves de plus d'une sorte (2). Non seulement il les obligeait à porter un costume spécial et distinctif (3), mais encore il les accablait d'impôts de tout genre et les rendait collectivement responsables des sommes dont chacun d'eux était imposé.

Voici les impôts auxquels étaient soumis les Israélites de Tunisie :

1° *L'impôt collectif.* — Le gouvernement exi-

(1) Voir שו״ת הרשב״ש, dem. 627, p. 129 *a*.

(2) Voir שו״ת הרשב״ש, dem. 247. p. 44 *b*.

(3) Voir à ce sujet Alph. Rousseau, *Annales tunisiennes,* p. 347; voir aussi Léon Michel, *Tunis,* p. 104 et suiv. — Le signe distinctif du costume des Juifs tunisiens consistait plutôt dans la couleur que dans la forme de l'habillement. Ainsi ils ne pouvaient porter de turbans verts ni blancs, les premiers destinés aux descendants du prophète, les seconds aux autres musulmans; leurs souliers devaient être noirs, tandis que ceux des Arabes étaient généralement jaunes ou rouges; leurs burnous devaient être bleus ou noirs, les couleurs claires et voyantes étant l'apanage des musulmans. Ces interdictions durèrent jusqu'à la proclamation de la constitution de 1857. Il sera question plus loin du curieux incident dit *l'Affaire du chapeau,* qui a failli occasionner l'intervention armée de l'Angleterre dans le pays.

geait de chaque communauté, en bloc, une somme dont l'importance variait chaque année suivant l'état du commerce du pays, disait-on, ou suivant les bénéfices présumés; en réalité, suivant les besoins du trésor et le degré de pénurie des finances, et le goût plus ou moins dispendieux des gouvernants. Trois préposés (גזברים), nommés par le conseil des vieillards pour un temps déterminé, généralement pour une année, étaient chargés d'en faire la répartition et la perception, et d'en effectuer le versement dans les caisses de l'État. A l'expiration de leur mandat, les préposés rendaient compte de leur gestion devant une assemblée composée de rabbins (דיינים) et du conseil des vieillards (1).

2° *L'impôt personnel ou de capitation.* — Cet impôt, nous l'avons vu, a été établi, sous le nom de Kharadj, dès les premières années de la conquête musulmane; tous ceux des habitants du pays qui ne professaient pas la religion mahométane y étaient soumis. Il était payé individuellement et

---

(1) Voir חוט המשולש, 2e vol., dem. 33, p. 76 b. On voit par ce qui précède que l'absurde prétention des administrateurs de la communauté de ne pas rendre compte de leur gestion est d'invention moderne.

les agents du fisc étaient chargés de le percevoir directement. Ils en opéraient la rentrée avec un attirail extraordinaire de punitions et de vexation:. Personne n'était dispensé d'acquitter cet impôt; riches ou pauvres, sains ou infirmes, tous devaient l'acquitter. Naturellement les riches s'ingénièrent pour venir à ce sujet en aide à leurs coreligionnaires indigents. C'est dans ce but surtout que l'administration de la communauté s'empara du monopole de la vente de la viande de boucherie, que l'on vendait avec majoration de prix et dont les bénéfices servaient à payer l'impôt du *Kharadj* des pauvres (1). Nous aurons à revenir sur cette importante institution du monopole de la boucherie, dont l'origine remonte, on le voit, au xii⁰ ou au xiii⁰ siècle.

3° *La corvée, ou prestation en nature*. — Tous les travaux d'utilité publique, tels que citernes, ponts, etc., les habillements, les chaussures et les tentes des armées, etc., etc., devaient être faits par les Israélites, à qui le gouvernement allouait quelquefois pour ces travaux un salaire déri-

(1) Voir à ce sujet משבנות הרועים, lettre ה, dem. 112, p. 103 *a*.

soire (1). Lorsqu'on était obligé de s'adresser, pour la construction des palais, à des ouvriers spéciaux venus de l'étranger, les Israélites servaient d'hommes de peine. On les obligeait même de récurer et de laver les habitations des beys et des chefs, et d'en frotter les marbres à la pierre ponce. Le caïd des Israélites, fonctionnaire dont il sera question plus loin, était chargé de désigner les hommes de corvée et de les envoyer aux endroits indiqués. L'on s'imagine combien ce système était fécond en abus de toutes sortes (2).

En dehors de ces trois impôts, qui s'appliquaient à tous les Israélites sans exception, les industriels et les négociants étaient tenus de payer aux *amin* (chefs des corporations) une somme en rapport avec les bénéfices qu'ils réalisaient (3). Les négociants israélites payaient, pour leurs marchandises, importées ou exportées, des droits plus forts que

---

(1) Certains auteurs croient que des esclaves chrétiens étaient quelquefois adjoints aux Israélites pour la confection de quelques-uns de ces travaux.

(2) Voir משבנית הריעים, lettre א, dem. 56, p. 2) *b*; lettre ב dem. 11, p. 47 *b*.

(3) Voir משבנית הריעים, lettre א, dem. 26, p. 15 *b*.

ceux que l'on exigeait des Chrétiens (1); les
cafetiers, les restaurateurs, etc., étaient taxés; les
musiciens eux-mêmes étaient obligés de verser
au fisc une partie de leur recette (2).

Le gouvernement central et les divers fonctionnaires de l'Etat accueillaient favorablement et en-
courageaient même les délateurs (מלשינים). Ceux-
ci s'étaient tellement multipliés, grâce à ces encou-
ragements, que des mesures ont été prises pour
mettre un frein à ce qui devenait une industrie.
Il fut décidé de réciter contre eux une imprécation nouvelle, plus terrible que celle qui existait
antérieurement et qu'on avait insérée dans les
prières quotidiennes. On avait même la précaution
de réciter en arabe les passages les plus importants
de cette imprécation, afin de les rendre com-
préhensibles à la partie de la population, peu

(1) Voir משגנות הזועים, lettre מ, dem. 85, p. 180 b.
Cette différence de droits (qui était de 3 % ad valorem pour
les Chrétiens et de 10 % pour les Juifs) a été réduite à
8 % au commencement de ce siècle, à la suite des démarches
du consul de Toscane, et supprimée totalement lors de l'a-
vènement au trône de Mohammed Bey, en 1855.

(2) Ces divers droits existent encore de nos jours. Les
musiciens ont encore un chef (ou caïd) spécial, chargé de
percevoir la part du fisc sur la recette de chaque séance et
d'en faire le versement dans la caisse du receveur général
de la Régence.

versée dans la langue hébraïque, qui se livrait
à la délation. L'imprécation avait été composée
lors de l'arrivée du rabbin Duran à Alger, où
elle était lue au temple par l'officiant. Lorsque
le nombre des délateurs s'accrut à Tunis, les
Israélites de cette ville s'adressèrent au fils de
Duran, qui leur en envoya une copie (1).

Les conversions à l'islamisme étaient encouragées
et favorisées non seulement par les chefs religieux
et par les particuliers, mais encore par le gouvernement lui-même, qui établit des lois en faveur
des Juifs convertis. D'après la teneur de ces lois,
tout Juif devenu musulman héritait (le plus souvent à exclusion des autres), de la fortune de ses
parents restés Juifs, tandis que les membres israélites de la famille d'un renégat n'avaient aucune
part à son héritage (2).

Malgré toutes ces exactions et ces lois d'exception, le gouvernement ne pouvait pas s'empêcher
d'avoir recours aux Israélites pour tous les emplois
officiels ou de confiance; il les chargeait de préfé-
rence de la perception de ses impôts, de la gestion

(1) Voir שו״ת הרשב״ש, dem. 352, p. 68 b.

(2) Voir חוט המשולש, 2ᵉ vol., dem. 21, p. 66 a.

de ses finances et de l'administration de ses revenus.

Ils avaient également entre les mains tous les
monopoles et toutes les fournitures de l'Etat.
C'est ainsi que, depuis un temps immémorial, le
receveur général de la Régence a été un Israélite (1).
Le gouvernement vendait volontiers aux Juifs
ses impôts, ses douanes, le droit exclusif de pêche
dans les divers lacs du pays, ses fermages de poids
public, de tannerie, d'extraction de cire, de vente
de sel, de fabrication de divers objets. Toutes les
fois qu'un monopole était créé dans la Régence,
un Juif en devenait l'adjudicataire (2).

La population musulmane était d'ailleurs ani-
mée du même esprit que le gouvernement ; elle
n'était pas tendre pour les Juifs, et loin de leur té-
moigner de la sympathie ou de la bienveillance, elle
s'appliquait au contraire à leur montrer son mépris
et à chercher toutes les occasions de leur manifester sa haine (3). Néanmoins elle était forcée de
s'adresser à eux pour tout ce qui se rapportait aux

(1) Voir משגנות הרועים, lettre א, dem. 56, p. 20 b.

(2) Voir משבנות הרועים, lettre ב, dem. 16, p. 157 b ; dem.
28, p. 159 a ; lettre מ, dem. 104, p. 183 a ; dem. 228, p. 210 b.

(3) Voir חוט המשולש, 2e vol., dem. 16, p. 61 a.

transactions, au comınerce, aux échanges de toute
sorte (1).

A cette époque, leur commerce paraît déjà bien
développé; ils faisaient des affaires avec l'Espagne,
la France, l'Italie, l'Egypte, l'Orient, et surtout
avec l'Algérie, et faisaient déjà usage de la lettre
de change pour faciliter leurs transactions (2).

Les principaux articles qui faisaient l'objet de
leur commerce étaient la laine et les draps, les
peaux et les cuirs, les blés, les orges, les huiles,
la cire, l'indigo, la cochenille, la pourpre, les mé-
taux précieux (3). Ils obtenaient, auprès des Arabes et des chrétiens, de la ville ou de l'étranger,

(1) Voir תשב״ץ, 1er vol., dem. 14, p. 13 a; 3e vol., dem.
132, p. 29 a; voir aussi שו״ת הרשב״ש, dem. 217, p. 44 b;
voir également שו״ת יכין ובעז, 1er vol., dem. 132, p. 41 a,
etc., etc.

(2) Voir שו״ת הרשב״ש, dem. 99, p. 19 a; dem. 105, 106,
107, p. 20 b; dem. 337, p. 64 a; dem. 589, p. 116 b; voir aussi
היט המשורש, 2e vol., dem. 19, p. 63 b; dem. 35, p. 82 a.
Dans la dem. 99 du שו״ת הרשב״ש, il est question d'une
curieuse affaire de lettre de change (פתק), dont on avait
payé un acompte.

(3) Voir תשב״ץ, 3e vol., dem. 132, p. 29 a; שו״ת הרשב״ש,
dem. 105, p. 20 b; dem. 217, p. 44 b; dem. 589, p. 116 b
שו״ת יכין ובעז, 2e vol., dem. 23, p. 77 a; היט המשורש
2e vol., dem. 17, p. 62 b; dem. 21, 22, p. 66 a et b; dem. 27,
p. 72 a; dem. 28, p. 73 b.

des crédits d'une certaine importance (1). Ils exerçaient les métiers de tanneurs, de cordonniers, de tailleurs, de fabricants de bonnets rouges, surtout celui de bijoutiers et d'orfèvres, auxquels ils s'adonnaient volontiers, comme les métiers les plus riches et les plus lucratifs (2). C'est surtout les questions immobilières qui donnent lieu au plus grand nombre de transactions et de procès. Les Israélites de Tunis avaient largement mis à profit l'autorisation qui venait de leur être accordée de s'établir dans un quartier de la ville et d'y devenir propriétaires fonciers. Chacun voulut avoir sa maison. Les uns bâtissaient, les autres achetaient des immeubles tout prêts. Ces genres d'affaires donnèrent lieu à d'innombrables questions sur les achats, ventes, mitoyennetés, héritages, partages, baux,

(1) Voir שו"ת הרשב"ש, dem. 587, 589, p. 116 *b*; כין ובער, 2° vol., dem. 23, p. 77 *a*; חוט המשולש, 2° vol., dem. 17, p. 62 *b*; dem. 27, p. 72 *a*.

(2) Voir שו"ת הרשב"ש, dem. 105, p. 20 *b*. היט המשלש, 2° vol., dem. 17, p. 62 *b*. On sait que l'industrie de la fabrication des bonnets rouges, aujourd'hui exercée exclusivement par les musulmans, est une industrie importée d'Espagne. On n'y emploie que la laine provenant des moutons dits mérinos. Tous les outils en usage dans cette industrie portent encore aujourd'hui des noms espagnols; les diverses opérations auxquelles elle donne lieu sont, actuellement, désignées sous des dénominations espagnoles.

etc, etc., dont nous trouvons les traces à chaque pas en parcourant les innombrables consultations (ת"שו) de l'époque. On voit que c'était là la grande préoccupation des Israélites de Tunis (1).

Leurs affaires matérielles ne leur faisaient pas négliger toutefois les intérêts moraux de la communauté. Ils avaient adopté un certain nombre de dispositions dans le but de consolider l'union de la famille, de protéger les mineurs et les incapables, enfin de donner à leur société une organisation solide et fonctionnant régulièrement.

C'est dans ce but qu'on a établi que tout contrat de mariage devait, pour être valable, obtenir la sanction du conseil des anciens (2); que la femme conservait des droits sur sa dot et sur son apport dans la famille, afin qu'en cas de veuvage elle ne se trouvât pas exposée à être dépouillée par les héritiers directs (3); et que des tuteurs étaient,

---

(1) Voir שו"ת הרשב"ש, dem. 101, 102, p. 19 b; dem. 201, p. 35 a; dem. 249, p. 41 b; dem. 347, p. 68 a; dem. 349, 350, 351, p. 68 b; dem. 358, p. 69 b, etc., etc. Voir aussi חוט המשולש, 2e vol., dem. 32, p. 75 b; dem. 34, p. 79 a, etc., etc.

(2) Voir תשב"ץ, 2e vol., dem. 5, p. 4 b.

(3) Voir שו"ת הרשב"ש, dem. 103, p. 19 b; dem. 310, 311, p. 67 a et suiv.; יכין ובעז, 1er vol., dem. 133, p. 42 a; חוט המשולש, 2e vol., dem. 18, p. 62 b.

d'office, constitués par le conseil des vieillards pour sauvegarder les intérêts des mineurs (1).

Le divorce existait chez eux, mais il était soumis à des restrictions sévères. Il n'était permis de divorcer que dans le cas de flagrant délit d'adultère ou de maladie incurable chez la femme constatée avant le mariage, et dont l'époux n'aurait pas été prévenu avant l'union (2).

La polygamie, quoique permise, était très rare et n'était guère pratiquée que dans le cas de stérilité de la première femme (3).

C'est à cette époque reculée, dans le courant du XIIe ou du XIIIe siècle, que doit se placer l'établissement de trois institutions qui ont joué, à des titres divers, un bien grand rôle dans la société juive de Tunis, et qui forment, aujourd'hui encore, la base de l'organisation de la communauté de la capitale. Nous voulons parler de l'institution du caïdat, de la *Hazzaka* et du monopole de la vente de la viande de boucherie.

(1) Voir שו״ת הרשב״ש, dem. 96, 97, p. 19 *a*; יכין ובעז, 1er vol., dem. 133, p. 41 *a* et suiv.

(2) Voir תשב״ץ, 1er vol., dem. 93, p. 18 *a*; שו״ת הרשב״ש dem. 93, 94, p. 18 *b* et suiv.; dem. 257, p. 46 *a*.

(3) Voir תשב״ץ, 1er vol., dem. 93, p. 48 *a*.

1º *Institution du caïdat*. — Le gouvernement tunisien a eu, de tout temps, recours à un Israélite pour gérer ses finances. Le receveur général du bey a toujours été, nous l'avons vu, un Israélite. Celui-ci était, en même temps, chargé de désigner les Juifs corvéables. Grâce à l'influence qu'il acquérait par l'exercice de ces fonctions multiples, le caïd (c'est le titre qu'il portait et qu'il porte encore) devenait l'intermédiaire naturel entre le souverain et les Israélites. Peu à peu il devint un fonctionnaire public, dont la mission consistait à représenter l'autorité locale auprès de la communauté, et d'être le mandataire de cette dernière auprès du gouvernement du bey. Il propose à l'État ou nomme directement les grands rabbins (Dayanim), les sept notables, les préposés aux diverses administrations, les notaires et scribes. Sa signature figure la première sur les documents publics, avant même celle du grand rabbin, et tout document public ou privé doit, pour être valable, porter la signature du caïd ou la mention qu'il a été dressé avec son autorisation. Rien ne peut se faire dans la communauté sans son consentement, il a droit de *veto* sur toutes les décisions des rabbins, des sept notables et des administrateurs de la communauté. On lui donne, devant la *Torah*, le titre de השר והטפסר, et il exerce la juridiction parmi les Israélites, à qui il peut infliger des amendes, la bastonnade ou prison. Les autorités de la ville sont tenues de : prêter main forte ; le chef de la police exécute ses sentences (1).

2o *Institution de la Hazzakà* — A l'époque où les Israélites de Tunis furent autorisés, grâce à la puissante et bienveillante intervention de Sidi Mahrez, à s'établir dans le quartier de la *Hara*, et avant que chacun eût le temps de s'assurer, par des

(1) Voir משכנות הרועים, lettre א, dem. 56, p. 20 *b*; lettre ב, dem. 11, p. 47 *b*. Dans cette dernière demande se trouve un passage fort curieux et qui mérite d'être cité ; le voici :

מנהג הארץ הזאת נעמ"י יע"א שהיהודי אשר ישות בית
המלכות לתת פרס הקצוב לאנשי חיל המלך יר"א הוא אצר ימנה
הדיינים וסופרי מתא ושבעה טובי העיר יייש איש במשמרתו
באיפן שכל מיני שיכות כללות הקהל צ"ו נחתכים על פיו
ואיש לא ימרה את פיו כי כן נותן ל' כגת המלך יר"ה לרדות
בעם כפי מה שירוצה ויבשר בעיניו ולמנית במאמר פיו אשר
ויטב בעיניו ואפי' אם ז' טיבי העיר הבכימו הם והב"ד למכור
איני זכר של כללות דהוי אינם רשאים לעשות קטנה או גדולה
אלא אהר נטילת רשות משר העיר והוא חותם בראש ואם
לפעמם שלא יהתום כיתבים בשטור וכ"ן נעשה בהסכבת
שר העיר. כך נותגים מימות העולם ועד היום. — On remar-
quera l'analogie entre le rôle de ce fonctionnaire et celui de Ethnarque des Juifs d'Egypte sous les Ptolémée.

acquisitions immobilières, une habitation lui appartenant, il se produisit une telle demande de locaux, que les loyers augmentaient tous les jours, ce qui rendait la vie de tous plus difficile. En outre, il arrivait souvent qu'un individu s'efforçait, par des moyens divers, d'obtenir en location du propriétaire — musulman — la maison occupée par son prochain. Pour mettre fin à cette concurrence effrénée, et afin d'arrêter cette augmentation excessive des loyers, le conseil des anciens, les rabbins et les administrateurs de la communauté instituèrent le droit de *Hazzakà* (préemption) ou droit de premier occupant. Voici en quoi il consiste : Tout Israélite qui loue, le premier, un immeuble appartenant à un non-israélite, acquiert sur cet immeuble un droit de préemption que tous ses coreligionnaires sont tenus de reconnaître et de respecter.

Les chefs de la communauté ont réglementé ce droit, en ont rédigé des titres le constituant, et il devint ainsi une espèce de rente ou de taxe dont les propriétés musulmanes étaient grevées. On éprouva, naturellement, le besoin de l'estimer ; il fut primitivement fixé, pour la vente, à 30 0|0 de la valeur de la propriété; de façon que si un Israélite achetait à un Arabe une maison frappée de *Hazzakà*, il était tenu soit de payer au *proprié-taire* de cette taxe 30 0[0 de ce qu'il avait payé l'immeuble, soit de lui en servir la rente annuelle. Plus tard, d'autres rabbins modifièrent cette pro-portion, et la réglèrent même par rapport aux loyers et aux réparations.

A la suite de cette réglementation, tout individu ayant loué le premier un immeuble à un non-is-raélite devenait ainsi, sans bourse délier, en partie propriétaire de l'immeuble. Si un autre Israélite louait un immeuble grevé de *Hazzakà*, il devait au propriétaire de ce droit un second loyer, dont la proportion a varié, selon les époques, de 30 à 50 0[0 du loyer principal. Le plus extraordinaire dans cette combinaison est que les musulmans propriétaires finirent par reconnaître le droit de *Hazzakà* et par s'y conformer. Bien plus, ils ont fait payer au propriétaire de la *Hazzakà* le tiers des dépenses de réparation ou d'entretien des immeu-bles ainsi grevés (1). Ce droit, comme d'ailleurs tous ceux qui ont été établis par les Israélites de l'époque, s'étend à toute la Tunisie, et s'applique

(1) Voir משכנית הרועים, lettre ה, dem. III, p. 102 *a*; lettre ח, dem. 14, 19, 20, 22, 30, p. 120 *b* et suiv., etc.

même aux immeubles appartenant à l'Etat (1). Toutes ces considérations font supposer, avec assez de vraisemblance, que ce droit n'a été établi qu'avec le consentement de l'autorité locale (2).

3° Institution du monopole de la vente de la viande de boucherie. — Une des premières et des plus pressantes préoccupations des chefs de la communauté naissante a été de se créer des ressources en vue d'en alimenter le budget. Les besoins étaient grands, en effet. Non seulement il fallait bâtir et entretenir des temples, acheter des terrains pour en faire des cimetières, fournir aux indigents décédés linceul et sépulture, secourir les pauvres, les malades, les infirmes, entretenir les écoles dont on avait tant besoin et encourager les études religieuses si négligées jusque-là, secourir les voyageurs pauvres qui visitaient la ville

---

(1) Voir משגנות הרועים, l..re ח, dem. 32, p. 123 *a*; dem. 43, p. 127 *a*.

(2) Le même système a été adopté dans la ville de Tétuan (Maroc), lorsque les Israélites ont dû changer de quartier vers la fin du siècle dernier. — On n'est pas bien d'accord sur l'origine première de la *Hazzaka*; les uns en attribuent la création à un pape, qui l'aurait fait établir dans le *Ghetto* de Rome; d'autres en placent l'origine en Palestine; d'autres enfin croient que c'est en Tunisie que ce droit a été établi pour la première fois, et que partout où on l'a trouvé il y a été importé de Tunisie.

et envoyer des subsides en Palestine, mais il fallait surtout faire face aux exigences du gouvernement, payer les impôts collectifs et l'impôt personnel ou *Khoradj* des pauvre. On s'est vite aperçu que les offrandes volontaires, spontanées ou sollicitées, ne pouvaient pas suffire à faire face à tant de besoins, et il fallut chercher autre chose. On ne pouvait pas songer à frapper les Israélites d'un nouvel impôt ; d'abord les exigences de l'État étaient trop grandes et on ne pouvait pas les augmenter, ensuite si une imposition nouvelle était établie, l'État s'en serait emparé. Force fut donc aux chefs de la communauté d'avoir recours aux impôts indirects. La viande *Cascher* était, grâce à la *Schehita*, la matière sur laquelle ils avaient le plus facilement prise. C'est à cette substance qu'ils s'attachèrent. L'administration de la communauté s'adjugea donc le monopole de la vente de la viande, dont elle fixa le prix selon ses besoins. En règle générale, la majoration était de 50 0⁄₀ sur les prix fixés par les *Amin* aux bouchers arabes (1).

(1) La communauté israélite obtint-elle l'autorisation de l'État pour s'emparer de ce monopole ? Il ne nous a été conservé aucun document de l'époque qui l'affirme d'une façon positive. Il est toutefois une circonstance qui permet de le supposer : c'est que les *Amin* qui, pour toutes les autres

C'est au moyen des bénéfices ainsi réalisés que la communauté pouvait faire face à tous les services du culte, de la bienfaisance et de l'instruction, et satisfaire aux exigences chaque jour plus grandes des autorités locales. C'est du produit de la boucherie que la plus grande partie des dépenses de la communauté sont payées encore de nos jours (1).

denrées, fixaient les prix aussi bien pour les Israélites que pour les autres habitants de la ville, n'exerçaient pas leur autorité sur les bouchers israélites, tandis que les bouchers musulmans y étaient soumis. Nous verrons plus tard qu'à deux reprises différentes, en 1876 et en 1878, le gouvernement du bey a reconnu ce monopole.

(1) Voir משגנות הרועים, lettre ה, dem. 112, p. 103 a. Voici quelques passages de cette curieuse הבכבה, sur laquelle nous aurons d'ailleurs à revenir. — בהיות שקהל עד תגייושבי

העיר הזאת קהל אתואנסא יצו ביום היותם על האדמה הזאת היו מיהזקים במחיית הבשר במקילין שלנו לתושבי דעיר ולגרים בה ולכל עובר ושב מאנשי ישראל ונודע מה שהתקיני קדמיננו למנוי ביותר מישוזין כמה שמונגרים הגים לקחת הה א יתון גזבר הקהל יצ"ו לפונס כ החכמים והעניים ולצורבי הקהל כידוע.

Et plus loin se trouve le passage suivant :

והיא וההחד דביני ביני ממנו היי מחזיקים ידי לומדי תזרה ופונסת העניים וניתנים ממני צזה לדיך יעוער ושב כדי שלא ישתכח ח"ז וגל מאארצני וממנו נותנים הקם והקבועים עלינו מהשורה יר"ה בכל עיר ועיר ובכל זמן ועידן וכן מסים קבועים וכן נמה עלילות ב"ם דרא לומטי עלן.

Cette décision est datée du 7 Ab 5501 (juillet 1741), et au début il est question de l'établissement des Juifs à Tunis; il y a, y est-il dit, plus de 800 ans (זותר ער ת"ת שנה).

Les études religieuses étaient à cette époque, nous l'avons vu, fort négligées à Tunis. On était contraint d'y retenir comme rabbins ceux qui y venaient de passage, principalement ceux qui arrivaient de Palestine pour recueillir des offrandes en faveur des Israélites de la Terre Sainte. Nous avons déjà eu l'occasion de constater que tous les rabbins habitant Tunis, dont il est fait mention dans les ouvrages de l'époque, n'y sont que de passage, ou bien ce sont des étrangers qui se sont fixés à Tunis. Ceux originaires de Tunisie se font remarquer par leur ignorance dans la série des questions qu'ils posent aux rabbins d'Alger. Cette ignorance est si notoire que les rabbins de la famille Duran ne se gênent pas pour en parler, et qu'un rabbin étranger, de passage à Tunis, demanda si l'on ne devait pas défendre de rendre la justice à un *Dayan* notoirement ignorant (1).

Leur vie morale était fort correcte et le sentiment de famille très développé parmi eux. La prostitution était très rare, et les femmes de mauvaise vie étaient vouées au mépris public (2). Ils

(1) Voir תשב"ץ, 2ᵉ vol., dem. 9, p. 5 *b*.

(2) Voir תשב"ץ, 2ᵉ vol., dem. 13, p. 6 *a*.

contractaient des alliances à l'étranger, surtout en Algérie, pays avec lequel ils étaient en rapports constants d'affaires (1).

Les livres étaient fort rares parmi eux; ils mettaient en gage, comme objet précieux, un rituel de prières (2), et la vente ou l'engagement des livres donnaient lieu à des procès importants (3).

(1) Voir חשב"ץ, 2e vol., dem. 7, p. 5 a; 3e vol., dem. 110, p. 27 a; dem. 185, p. 39 b.

(2) Voir שו"ת הרשב"א, dem. 433, p. 67 b.

(3) Voir שו"ת הרשב"א, dem. 98, p. 19 a.

VIII

L'ARRIVÉE DES JUIFS D'ESPAGNE
LE SCHISME DES GRANA

———

La communauté de Tunis, ainsi que celles des autres villes de la régence, surtout celles de Sfax, de Mehdia et de Djerba, continuaient ainsi à se développer petit à petit, et à augmenter chaque jour avec le nombre de leurs membres, leur bien être matériel et moral. Lorsque les Israélites d'Espagne furent, en 1492 bannis de leur pays, quelques-uns des exilés de la Péninsule vinrent chercher asile en Tunisie. Les Israélites de la Régence accueillirent avec empressement et bienveillance les nouveaux venus et leur facilitèrent l'établissement parmi eux. Un grand nombre de musulmans,

bannis comme eux de leur patrie, venaient, en
même temps qu'eux, demander asile à la terre
africaine. Cent ans plus tard, vers la fin du
xvi⁰ siècle, nous trouvons les nouveaux venus
groupés ensemble sous le nom de *Communauté
de l'exil* (קהל גרוש) et formant noyau distinct (1). Des usages différents de ceux des Israélites
indigènes facilitaient ce groupement spécial. Les
mœurs n'étaient pas strictement les mêmes, pas
plus que les pratiques religieuses ; la prononciation même de l'hébreu différait, ainsi que la composition et l'arrangement de quelques-unes des
prières du rituel. Les Israélites tunisiens, toujours
hospitaliers et tolérants, accordèrent à ces frères
malheureux une place spéciale dans le grand
temple, place que l'on désigne encore aujourd'hui
sous le nom de *Place ou coin des Livournais.*

A cette époque déjà (fin du xvi⁰ siècle), la
situation des Israélites de Tunis s'est notablement
améliorée ; le bien-être est plus grand, la sécurité
augmente. Un rabbin d'Algérie, descendant de
Duran, Salomon Serour, chassé de sa patrie, vient
chercher un asile à Tunis, où il est reçu avec

_____

(1) Voir חוט המשולש, 2⁰ vol., dem. 21, p. 68 *a*,

beaucoup d'empressement et d'honneurs (1). Les
livres, bien qu'encore assez rares, commencent
cependant à s'y trouver; le même rabbin Serour
dit qu'il a trouvé à Tunis, grâce à Dieu (שבח לאל),
un ouvrage de Maïmonide (probablement le
יד החזקה) et un בית יוכף (2).

Dans un autre coin de la Tunisie, les Israélites
venaient d'être soumis à une rude épreuve. En
1530, les armées de Charles-Quint envahirent le
littoral de la Tunisie. Plusieurs villes de la Régence
ont été occupées par les Espagnols, qui portaient
avec eux le cortége d'intolérance, de persécutions
et d'inquisitions dont ils avaient gratifié la péninsule. La ville de Mehdia fut la première qu'ils
occupèrent. La communauté israélite qui, depuis
la fondation de la ville arabe, s'y était établie et
développée, dut fuir l'armée envahissante et chercher un refuge dans l'intérieur des terres. Elle
se fixa dans la ville de Mokenin, distante d'environ 25 kilomètres de Mehdia. Elle y resta après
le départ des troupes castillanes, et elle y est encore
de nos jours.

(1) Voir חיים המשוילש, 2ᵉ vol., réponse à dem. 16, p. 61 a.

(2) Voir חיים המשולש, 2ᵉ vol., réponse à dem. 26, p. 71 b.

D'autres communautés, moins éprouvées, à Sfax, à Sousse, à Djerba surtout, se formaient ou se développaient. Les Israélites de Djerba principalement, dont Maïmonide avait fait jadis un tableau si peu flatteur, et qui s'étaient depuis tenus à l'écart, commencent à prendre part au mouvement commun et à se signaler par leurs efforts pour leur relèvement moral. A la fin du XVIe siècle, nous trouvons déjà à Djerba des *Dayanim* et une organisation presque complète du culte et de la communauté (1).

Les études rabbiniques, négligées d'abord, prirent bientôt à Tunis, grâce aux efforts persévérants des chefs de la communauté et à la présence de plusieurs rabbins, surtout de Salomon Serour, un développement considérable, au point que la ville de Tunis acquit, chez les Israélites des autres pays, la réputation de ville de savants et d'écrivains. Les ouvrages du XVIIe siècle qui en font mention ne manquent pas de lui donner le titre pompeux de « La grande ville de savants et d'auteurs (עיר גדולה של חכמים ושל סופרים) (2) ».

(1) Voir חוט המשולש, 2e vol., dem. 19, p. 63 b.

(2) Voir. שופריה דיעקב (éd. Livourne), p. 7 et suiv. Voir également אורח לצדיק (éd. Amsterdam), p. 74 et suiv.

C'est au commencement du xviiᵉ siècle que nous trouvons, pour la première fois, la trace de cet usage, établi par les deys, dont on a fait depuis une si grande application, et qui consistait, soit à charger les Israélites de l'exécution de ceux qui étaient condamnés à la strangulation, soit à leur livrer les cadavres des grands personnagesexécutés par l'autorité, pour être insultés et traînés par les rues de la ville. En agissant ainsi, le gouvernement poursuivait le but de livrer davantage ces suppliciés au mépris public; de leur côté, les Israélites y trouvaient une occasion d'assouvir leur colère et de se venger sur les morts des exactions sans nombre que leur faisaient subir les vivants. Il était d'ailleurs rare que le condamné, quel qu'il fût, pour peu qu'il remplît une fonction élevée, n'eût exercé contre les Israélites quelque acte de cruauté, dont on se vengeait sur son cadavre (1).

Au début du xviiiᵉ siècle, au milieu de l'année 1707, les Etats généraux de Hollande envoyèrent à Tunis, en qualité d'ambassadeur extraordinaire, un Israélite, nommé Juda Cohen, chargé de la

(1) Voir *Annales tunisiennes*, par Alphonse Rousseau, p. 317 et suiv. Voir également מטבכת הרועים, lettre ע, dem. 8, p. 248 *b*,

mission de négocier avec le gouvernement du bey un traité de commerce et de navigation. La qualité de *Juif* de cet ambassadeur ne fit aucun obstacle à l'accomplissement de la mission que lui avait confiée son gouvernement ; les négociations se poursuivirent avec succès et le traité fut signé par le bey Hussein ben Ali (le chef de la dynastie Husséinite actuellement régnante) et Juda Cohen, le 24 mars 1708, et ratifié à La Haye, le 1er décembre de la même année (1). On a conservé, aux archives du consulat de Hollande à Tunis, avec l'un des originaux de ce traité, une lettre par laquelle le bey Hussein manifeste toute sa satisfaction pour la façon dont le sieur Juda Cohen, ambassadeur des États généraux de Hollande, sut mener à bien les négociations, et les faire aboutir si heureusement à la conclusion du traité.

Vers la même époque, le gouvernement de la Grande-Bretagne envoya à Tunis un Israélite, muni d'un rescrit royal, avec le titre de drogman et courtier du consulat d'Angleterre. Le titulaire du consulat s'intéressa vivement à ce fonctionnaire, le prit sous sa protection particulière et lui

(1) Voir Alphonse Rousseau, *Annales tunisiennes*, appendice, p. 519 et suiv.

offrit même un logement dans la maison consulaire (1).

Grâce à ces nouvelles recrues qui relevaient,
aux yeux de la population, la situation des
Israélites, grâce également à l'influence, chaque
jour plus grande, qu'acquéraient auprès du
gouvernement local les représentants des puissances étrangères, plusieurs familles israélites
européennes vinrent, principalement de Livourne,
s'établir dans le pays et y exercer, qui le commerce,
qui la médecine, qui les divers emplois de commis ou autres (2). Tous ces nouveaux arrivés
allaient grossir le nombre et fortifier le noyau de
la petite communauté de l'exil (קהל גרוש) à laquelle les attachaient leur origine, leurs coutumes,
leur rituel et même leur langue (3).

(1) Voir משבנית הי ועים, lettre ב, dem. 5, p. 44 *b*.

(2) Voir משבנות דרועים, lettre ו, dem. 38, p. 77 *a*.

(3) On sait que les Israélites, exilés d'Espagne à la fin du
xv° siècle, ont conservé pendant longtemps, dans les pays
où ils ont trouvé asile, l'usage de se servir entre eux de la
langue espagnole. Ceux qui se sont établis en Turquie parlent encore aujourd'hui cette langue; ceux de Livourne, d'An-
cone et de plusieurs autres villes de l'Italie, la parlaient jusqu'au commencement de ce siècle. Même lorsque les Juifs,
se familiarisant davantage avec la langue du pays, aban-
donnèrent l'usage de l'espagnol, cette langue conserva chez

La petite communauté européenne, qu'on désignait sous le nom de communauté de l'Exil, communauté portugaise, ou plus communément communauté livournaise (1), grossissait ainsi à vue d'œil et acquérait, grâce à la situation de ses membres, pour la plupart riches, originaires des pays européens, et, comme tels, soustraits aux exactions du gouvernement local, une influence considérable au sein du judaïsme tunisien. Aussi des velléités séparatistes ne tardèrent pas à se manifester, et le schisme éclata en 1710.

Ce schisme était inévitable ; d'un côté les Israélites de Tunis, hospitaliers et empressés au début envers les nouveaux venus, ne les voyaient pas sans une certaine envie acquérir chaque jour, par leur instruction, leur richesse et leur qualité de protégés des puissances, l'influence qu'ils perdaient eux-mêmes. D'un autre côté les Israélites européens ne consentaient pas volontiers à être

eux un caractère presque sacré ; on s'en servait surtout au Temple pour la vente des מצות et pour les offres d'aumônes devant la *Torah*. Cette particularité s'observe encore aujourd'hui dans plusieurs Temples *Sephardites* d'Europe et dans ceux de la communauté livournaise de Tunis.

(1) On désigne, en Tunisie, cette communauté sous le nom de *grana*. Ce mot est le pluriel de *gorni*, ou *Legorni*, Livournais, de Livourne (Legorna).

traités en étrangers, et à n'avoir qu'une part insignifiante dans l'administration du pays, tandis que leur situation de fortune les plaçait au rang des contribuables les plus importants. Ce qu'ils supportaient le plus malaisément, c'étaient les prépotences du caïd et l'autorité despotique qu'il exerçait sur la communauté. Aussi saisirent-ils la première occasion qui se présenta pour se séparer de leurs coreligionnaires tunisiens et se constituer en communauté spéciale. Ils se cotisèrent pour construire un temple livournais (1), ils eurent leur tribunal rabbinique (בית דין) particulier(2), leur boucherie distincte et leur cimetière séparé (3), en un mot toute une organisation nouvelle, fonctionnant indépendamment de celle de l'ancienne communauté.

Les membres de cette dernière congrégation, les chefs et les rabbins principalement, ne virent pas sans une grande douleur cette division intestine. Les écrits de l'époque sont pleins d'expressions qui dénotent l'affliction qu'ils en ont ressentie ; mais

(1) Voir משבנות הרועים, lettre ב, dem. 20, p. 48 a.

(2) Voir משבנות הרועים, lettre ש, dem. 165, p. 360 b.

(3) Voir משבנות הרועים, lettre ק, dem. 8, p. 291 a.

ils ne purent pas s'y opposer. Il est même probable, bien qu'aucun écrit de l'époque ne le constate, que le nouveau groupe demanda et obtint l'autorisation de l'État pour se constituer en communauté distincte.

Ce schisme apporta une perturbation considérable au sein du judaïsme tunisien. Plusieurs Israélites, nullement étrangers, se faisaient admettre dans le nouveau groupe, afin de s'affranchir ainsi du paiement des taxes rabbiniques; la boucherie *livournaise* faisait une concurrence très forte à celle des *Tunisiens*, et les recettes de cette dernière diminuaient à vue d'œil. Tout en maudissant le schisme et en prononçant des imprécations contre les auteurs de cette division, les rabbins, sentant que tous leurs efforts ne parviendraient pas à rétablir l'union ni à enrayer le fait accompli, songèrent enfin à en atténuer les conséquences, et après avoir longuement médité sur la question et entamé des négociations très laborieuses, signèrent une convention où sont stipulées les conditions suivantes :

1º Il était sévèrement défendu aux Israélites appartenant à la communauté tunisienne d'acheter de la viande de la boucherie de la communauté livournaise; les Israélites de cette dernière communauté, au contraire, pouvaient se servir des boucheries de l'autre;

2° Toutes les charges pesant sur la collectivité du judaïsme tunisien (impôts collectifs, achat de cimetière, cadeaux aux princes, etc.,) étaient réparties entre les deux communautés, dans la proportion de deux tiers pour la communauté *tunisienne*, et un tiers pour la communauté *livournaise*.

Ces deux conditions, très dures pour le nouveau groupe, montrent suffisamment le caractère pour ainsi dire coërcitif que la convention dont nous nous occupons avait aux yeux des Israélites *tunisiens*. D'un autre côté, l'acceptation de ces clauses par les Juifs *livournais* indique chez eux le désir de sortir de l'espèce d'ostracisme dont ils étaient l'objet de la part de ceux qui leur avaient fait naguère un accueil aussi sympathique.

La même convention réglait, pour le présent et pour l'avenir, afin de mettre fin aux désertions, la base d'après laquelle on ferait partie de l'un ou de l'autre groupe. Il fut convenu que tout Israélite d'origine tunisienne, ou venu des pays musulmans, ferait partie de la communauté *tunisienne*, et que tous ceux qui venaient des pays chrétiens seraient incorporés dans la communauté *livournaise*. Le même principe fut adopté pour les indigents de passage, qu'il fallait nourrir et rapatrier, ou enterrer en cas de décès.

Cette convention, portant la date du 7 du mois de Ab 5501 (juillet 1741), était munie de la signature de tous les rabbins de l'époque, ayant à leur tête Abraham Taïeb, dit Baba Sidi (ou grand père), pour le distinguer d'un autre rabbin du même nom, qui vivait quarante ans plus tard, et qui renouvela la même convention (probablement à la suite de la répétition des mêmes abus) le 1er du mois de Eloul 5544 (août 1784) (1).

(1) Voir משנת הריב״ם, lettre ה, dem. 112, p. 103 *a*. Cette convention (ההסכמה) est l'une des plus importantes pour le judaïsme tunisien. Aussi croyons-nous rendre service aux Israélites de Tunis en en reproduisant les passages les plus importants. On les trouvera dans l'appendice n° III.

IX

LES ISRAÉLITES DE TUNISIE
AU XVIIIᵉ SIÈCLE

———

Ces divisions intestines n'empêchaient pas les rabbins de Tunis de s'occuper très activement des intérêts généraux des Israélites. En 1705, le tribunal rabbinique, présidé par le rabbin Semah Sarfati, fit une étude approfondie du droit de préemption (חזקה), et s'occupa d'en régulariser les effets et d'assurer les droits de chacun. A la suite de cette étude, il fut pris une décision (datée du mois de Schebat 5465) d'après laquelle le droit de préemption était fixé à 30 0/0 de la valeur de l'immeuble grevé de ce droit (1). Il fut également

(1) Voir משנית הדינים, lettre ח, dem. III, p. 102 a.

défendu aux 'sraélites de surenchérir sur les loyers des maisons occupées par leurs coreligionnaires (1).

A cette époque (commencement du xviii° siècle), la communauté de Tunis a accompli d'immenses progrès. Elle se trouve déjà régulièrement constituée et munie de diverses administrations fonctionnant côte à côte pour atteindre un but commun; elle dispose de revenus fixes et importants (2). Elle ne se contente plus des bénéfices effectués par le monopole de la boucherie; elle établit, pour faire face à ses besoins chaque jour plus grands, d'autres droits fiscaux auxquels elle oblige tous ses membres à se conformer; modifiant légèrement et mettant en vigueur un ancien précepte biblique, elle exigeait de chacun de ses membres de consacrer chaque année, au profit des œuvres pieuses de la communauté, la dixième partie des bénéfices réalisés par lui (3); elle avait transformé la peine du מלקות en une amende de qua-

---

(1) Voir משכנות הרועים, lettre מ, dem. 120, p. 187 a.

(2) Voir משכנות הרועים, lettre א, dem. 47, p. 19 a; lettre ה, dem. 77, p. 97 b; lettre ש, dem. 183, p. 371 b.

(3) Voir משכנות הרועים, lettre מ, dem. 130, p. 189 a.

rante pièces d'or au profit des pauvres (1); elle avait, en outre, institué des administrations particulières pour chacun des services les plus importants de son œuvre; elle les avait dotées soit en y consacrant les revenus de certains immeubles ou de certains temples, soit en créant des revenus particuliers avec des affectations spéciales. C'est ainsi que nous trouvons des délégués (גזברים) particuliers et des revenus spéciaux pour le service des inhumations (2), pour l'entretien des écoles pour la jeunesse (3), pour le service des malades et pour diverses autres fondations pieuses (4).

Dans les autres villes de la Régence des communautés se forment et s'organisent. Il est fait, dans les ouvrages du temps, mention de celles de Djerba, de Kef, de Mokenin, de Nebeul, de Sousse, de Sfax, de Testour (5).

(1) Voir משכנות הרועים, lettre מ, dem. 112, p. 186 *b*.

(2) Voir משכנות הרועים, lettre נ, dem. 10, p. 57 *a*; lettre מ, dem. 78, p. 180 *b*.

(3) Voir משכנות הרועים, lettre ה, dem. 69, p. 96 *b*; dem. 90, p. 99 *a*; lettre מ, dem. 278, p. 218 *a*.

(4) Voir משכנות הרועים, lettre ב, dem. 21, p. 48 *b*; lettre מ, dem. 294, p. 223 *b*.

(5) Voir משכנות הרועים, lettre א, dem. 65, p. 26 *b*; lettre נ, dem. 12, p 57 *a*; dem. 55, p. 68 *b*; lettre מ, dem. 8, p. 175 *b*; dem. 176, p. 194 *a*; dem. 308, p. 235 *a*; lettre ע, dem. 45, p. 252 *a*; dem. 64, p. 256 *a*.

L'état moral des Israélites tunisiens s'est sensiblement amélioré ; les rabbins sont nombreux et instruits ; les livres abondent ; les universités talmudiques (ישיבות) sont communes et très fréquentées, et les disciples s'y groupent autour de maîtres vénérés qui s'y réunissent souvent pour discuter des questions talmudiques, casuistiques ou litu `ques, ou pour s'occuper des intérêts généraux `e la communauté.

La vie intime est toujours aussi unie et aussi forte que par le passé ; l'esprit de famille continue à être chez eux très développé. On marie les adultes fort jeunes, et ce sont les parents qui décident et arrangent les alliances, selon la convenance des familles. Le fiancé connaît rarement la femme qu'on lui destine et à laquelle il va unir son existence (1). Ils ne tolèrent pas d'ailleurs volontiers les célibataires parmi eux, et forcent presque les veufs à se remarier, surtout si ce sont des rabbins ou des personnes de distinction (2) Le divorce, néanmoins, était fort rare chez eux, et la polygamie ne se rencontrait presque que dans

(1) Voir משבנות הדורים, lettre ב, dem. 19, p. 242 b ; lettre כ, dem. 20 à 30, p. 293 a et suiv.

(2) Voir Azulaï, מעגל טוב, éd. Livourne, 1879, p. 4 b.

le cas de stérilité de la première union (1). Les alliances se contractent quelquefois, non seulement entre membres des deux communautés, mais même avec des familles de l'étranger; c'est ainsi que nous trouvons plusieurs Israélites tunisiens qni vont prendre femme en Algérie, à Livourne ou à Marseille (2).

En même temps que leur état moral, leur situation matérielle s'améliore considérablement; leur commerce prend un grand développement et s'étend à toutes les branches de l'activité tunisienne et à tous les pays qui sont en rapports avec la Régence. Ils ont des relations suivies avec plusieurs villes de Turquie, d'Egypte, d'Italie, de France, sans compter l'Algérie, la Tripolitaine et l'île de Malte, où ils n'ont jamais cessé d'entretenir des relations multiples et variées (3).

(1) Voir משכנות הרועים, lettre א, dem. 89, p. 30 b; dem. 100, p. 43 b; lettre ד, dem. 12, p. 73 a.

(2) Voir משכנות הרועים, lettre כ, dem. 2 et 3, p. 149 et suiv.

(3) Voir משכנות הרועים, lettre א, dem. 42, p. 18 a; dem. 95, p. 31 a; lettre ב, dem. 58, p. 62 a; lettre כ, dem 33 p. 159 b; lettre מ, dem. 8, p. 175 b; dem, 132, p. 188 b; lettre ק, dem 59, p. 306 a; lettre ש, dem. 56, p. 329 b; dem. 63, p 341 b; dem. 89, p. 341 b; dem. 114, p. 346 a; dem. 115, p. 349 a; dem. 200, p. 375 a.

Leur commerce local est aussi varié et étendu. Ils en ont adopté tous les usages et les systèmes, comptabilité, lettres de change, contrats, conventions, assurances, etc., etc. (1)

Tous les articles qui font, à Tunis, l'objet d'un commerce quel qu'il soit les intéressent et les attirent; ils ont des relations importantes non seulement entre eux, mais encore avec les musulmans et les chrétiens auxquels ils servent d'intermédiaires ou de courtiers, et dont ils obtiennent des crédits s'élevant souvent à des sommes considérables (2).

Les Israélites de Tunis, ainsi que ceux d'Alger, avaient eu, de tout temps, la spécialité d'acheter les prises que les pirates apportaient dans le port. Après les avoir achetées, ils les réexpédiaient à Livourne, où ils les faisaient vendre. De là les

---

(1) Voir משכנות הרועים, lettre א, dem. 9, p. 12 a; dem. 58, p. 22 b; lettre ב, dem. 23, p. 138 b; lettre מ, dem. 74, p. 181 a; lettre ע, dem. 6, p. 248 b; lettre ס, dem. 2, p. 266 a; lettre ק, dem. 56, p. 304 b; lettre ר, dem. 4, p. 508 a, lettre ת, dem. 81, p. 386 b; dem. 84, p. 387 a.

(2) Voir משכנות הרועים, lettre ח, dem. 36, p. 123 b; lettre כ, dem. 46, p. 162 a; lettre ס, dem. 28, p. 214 a; lettre ע, dem. 93 à 98, p. 260 b et suiv.; lettre ש, dem. 206, p. 373 a.

grandes transactions qui se sont créées entre la Tunisie et Livourne.

Le père Le Vacher, qui était consul de France à la fin du xviiᵉ siècle, écrit à la Chambre de Commerce de Marseille, qui lui demandait de racheter les prises, afin que la perte des négociants fût moins forte, que la concurrence des Juifs ne lui permettait pas de se conformer aux vœux de la Chambre (1).

Mais en même temps que leur commerce augmentait et se développait, leur industrie, au contraire, paraît avoir sensiblement diminué; les métiers passent de leurs mains entre celles des musulmans ou des chrétiens, et on ne rencontre guère parmi eux que des tailleurs, des passementiers et quelques rares cordonniers (2). Par contre, leurs femmes filaient et tissaient le lin, la laine et la soie, et contribuaient ainsi, par leur travail, à l'aisance de la famille (3).

(1) On sait que la Chambre de Commerce de Marseille envoyait, dans toutes les échelles du Levant, des négociants qui faisaient le commerce sous sa garantie. Les Consuls correspondaient directement avec elle.

(2) Voir משכנות הרועים, lettre א, dem. 24, p. 15 b; lettre ב, dem. 31, p. 60 a.

(3) Voir משכנות הרועים, lettre א, dem. 83, p. 30 b; lettre ם, dem. 128. p. 187 b.

Ils étaient, pour leur commerce ou les métiers qu'ils exerçaient, soumis à l'autorité des *Amin* (chefs de corporations) que le gouvernement met à la tête de chacune des branches de l'industrie ou du commerce. Ces fonctionnaires percevaient de chaque négociant ou artisan une taxe proportionnelle au bénéfice présumé qu'il réaliserait. Les *Amin* avaient droit de juridiction sur tous les membres de la corporation dont ils étaient les chefs (1).

Malgré l'importance chaque jour plus grande que prenaient les affaires des Israélites et leurs relations commerciales, soit entre eux, soit avec les autres habitants du pays et de l'étranger, leur position, en tant qu'Israélites, vis-à-vis du gouvernement local ou des musulmans en général, ne s'était pas améliorée. Ils étaient souvent maltraités, pillés, assassinés sans que l'autorité s'en souciât ni prêtât à leurs plaintes une oreille attentive (2). Mais ce même gouvernement, qui ne protégeait ni leurs biens ni leur personne, ne se faisait pas faute

(1) Voir משבנית דרועים, lettre א, dem. 26, p. 15 *b*.

(2) Voir משבנות דרועים, lettre ג, dem. 30, p. 59 *b*; lettre ש, dem. 20, p. 139 *b*; lettre ס, dem. 9, p. 247 *a*.

de les accabler d impôts de tous genres. Toutes les
anciennes mesures arbitraires étaient maintenues
et étendues ; leurs marchandises continuaient à
payer des droits de douane plus élevés que
ceux imposés aux chrétiens (1), et la communauté,
nous l'avons dit, était toujours et collectivement
responsable des impôts individuels de chacun de
ses membres. Ce système inique ne pouvait pas
manquer de produire des conséquences fâcheuses ;
l'Israélite tunisien devenait rapace, accapareur ;
obligé de faire face à tant d'exigences, il devenait
sordidement avare, cachait son or et se montrait
misérable, de peur de réveiller de nouvelles con-
voitises. Son jugement se faussait également, et il
arrivait presque à penser que tromper ses oppres-
seurs n'était pas une mauvaise action, et à établir
deux espèces de justice, selon qu'il s'agissait de
rapports entre eux ou avec les chrétiens, ou bien
de leurs relations avec les musulmans (2).

(1) Voir משכנות הרועים, lettre מ, dem. 85, p. 180 b.

(2) Voir משכנ'ת הרועים, lettre א, dem. 37, p. 17 a; dem
42, p. 18 a; dem. 49, p. 19 a — On voudra bien remarquer
que dans tous les pays où des persécutions ont été exercées, les persécutés se sont toujours cru permis d'en agir
envers les persécuteurs, leurs biens, leurs familles, etc.,
d'une autre façon que dans leurs rapports entre eux. On
s'est toujours imaginé que tromper, voler, etc., un persé-

Toutes ces persécutions et tous ces mauvais traitements n'empêchaient pas quelques-uns d'entre
eux de se distinguer et de sortir des rangs. Certains
Israélites acquéraient, grâce à leur instruction, à
leur capacité ou à leur fortune, des situations fort
élevées à la cour, auprès des grands dignitaires ou
des consuls des puissances étrangères (1).

Leurs affaires commerciales les amenaient souvent à faire des voyages sur mer ; aussi leur arri-
vait-il quelquefois de tomber entre les mains des
corsaires, qui les recherchaient comme constituant
une prise d'un très bon placement. Partout, en
effet, où on les mettait en vente, pourvu qu'il s'y
trouvât des Israélites (et on s'arrangeait toujours
pour qu'il en fût ainsi), on était sûr que leurs
coreligionnaires les rachèteraient et leur ren-
draient la liberté, sauf à se faire rembourser le
prix de la rançon, lorsque le captif en avait le
moyen (2). Dans beaucoup de villes maritimes —

cuteur était chose bien moins grave que de commettre le
même crime envers un compagnon d'infortune. Des exemples récents de ces dispositions d'esprit sont présents à toutes
les mémoires.

(1) Voir משבנות הרועים, lettre ב, dem. 6, p. 241 *b*; lettre
ש, dem. 184, p. 371 *b*.

(2) Voir משבנות הרועים, lettre מ, dem. 8, p. 175 *b* · lettre
ש, dem. 69, p. 331 *b*.

et Tunis était du nombre — il existait même, sous la désignation de Rachat des captifs (פדיון שבויים), un fonds spécial destiné à cet usage.

En 1772, le rabbin Joseph Azoulaï (חיד"א) vint à Tunis. Il nous a laissé de son voyage une relation qui a été publiée il y a quelques années sous le titre de מעגל טוב (Livourne 1879). Nous y voyons le caïd des Israélites, alors un nommé Salomon Nataf, exerçant sur ses coreligionnaires une juridiction plus despotique encore que celle de son maître le bey. Il donna chez lui l'hospitalité au célèbre voyageur, qui fut ainsi à même de se rendre compte *de visu* des choses qu'il nous relate. D'après le dire du rabbin Azoulaï, il y avait alors à Tunis plus de trois cents rabbins. Le célèbre voyageur, qui s'y connaissait, en dit beaucoup de bien, et rend, avec beaucoup d'éloges, hommage à leur intelligence et à la profondeur de leur esprit et de leur savoir. Il constate cependant qu'ils ne sont pas, en général, doués d'une grande mémoire. Il est loin de dire du bien des femmes, qu'il trouve superstitieuses, grossières et mal élevées à l'excès.

Le même voyageur raconte que le caïd Salomon Nataf, ayant soupçonné quelques Israélites venus

de Livourne d'appartenir à la société des francs-
maçons, se proposait, dans le but de les faire con-
damner à mort, de les dénoncer au bey, les accusant d'un crime imaginaire. Le rabbin Azoulaï
prit chaleureusement la défense de ces malheureux, et put ainsi les sauver d'une mort certaine.
Mais malgré sa plaidoirie, il ne put empêcher le
caïd de les soumettre à la torture et de les faire
jeter en prison, d'où ils ne sortirent qu'en prodi-
guant l'argent (1).

Quelques années après, en 1784, les Israélites
et les chrétiens de Tunis faillirent se révolter, à la
suite d'un acte de barbarie commis par Hamouda
pacha, le bey régnant alors en Tunisie. Un capitaine au long cours, originaire de Raguse, fut
trouvé, avec une femme musulmane, dans la
maison d'un Juif. Les trois individus furent traînés
par la populace devant le bey, qui les condamna
aussitôt à mort, avec ordre d'exécution immédiate.
Malgré les observations du premier ministre,
Mustapha Hodja, qui conseillait à son maître plus
de modération, la sentence fut exécutée; le capitaine eut la tête tranchée, la femme musulmane

(1) Voir מעגל טוב, loc. cit., p. 5 a et suiv.

fut pendue et le Juif brûlé vif. Les Israélites et les chrétiens s'assemblèrent aussitôt pour délibérer sur ce qu'il y avait à faire (1). Les propositions les plus diverses et les plus extrêmes furent d'abord soumises à l'assemblée; on ne parlait de rien moins que de mettre le feu à la Kasbah et au palais du bey; les consuls employèrent tous leurs efforts pour calmer l'effervescence de la population, et conseillèrent la modération. Les conseils des représentants des puissances prévalurent enfin, malgré l'indignation qu'avaient soulevée ces exécutions sommaires. Les Juifs courbèrent de nouveau la tête. Mais cette circonstance n'était pas faite pour les décourager dans leurs efforts de profiter de toutes les occasions pour se soustraire à l'autorité arbitraire d'un gouvernement aussi barbare, et pour se placer sous la protection des puissances étrangères (2).

---

(1) Il est consolant de constater que toutes les fois qu'un danger quelconque menaçait les Juifs ou les Chrétiens, les uns et les autres s'assemblaient et délibéraient en commun sur les mesures à prendre; ils sentaient que les uns et les autres couraient le même péril, et que leur cause était identique. Nous en trouverons un nouvel et éclatant exemple dans la suite de ce récit.

(2) Voir Desfontaines, *Lettres*. Paris 1838, *passim*.

X

LES ISRAÉLITES DE TUNISIE
AU COMMENCEMENT DU XIX° SIÈCLE

Ceux d'entre les Israélites qui parvenaient, par un moyen quelconque, à se soustraire à la juridiction du gouvernement local, en se plaçant sous la protection d'un des consuls accrédités auprès du bey, et surtout ceux qui, grâce à leur origine européenne, se trouvaient naturellement dans ce cas, s'efforçaient, par tous les moyens, de se distinguer de leurs coreligionnaires par des signes extérieurs dans le costume, afin de n'être pas en butte aux mauvais traitements des agents de l'autorité et de la populace. Cette circonstance a donné lieu à un épisode caractéristique, qu'on a désigné vulgairement sous la dénomination de l' « affaire du chapeau ».

Les Israélites européens avaient conservé le costume et la coiffure de leurs pays d'origine ; quelques-uns parmi les indigènes, qui avaient passé quelque temps en Europe, avaient également adopté le même costume et le même chapeau. Le bey Mahmoud, choqué de cette liberté prise par quelques Israélites, ordonna, dans les premiers jours de l'année 1823, que tous les Juifs habitant la Tunisie, quelle que fût leur nationalité, devraient se coiffer du bonnet noir et revêtir le costume que l'usage leur avaient assigné depuis des siècles (1). Les agents de l'autorité, chargés de surveiller l'exécution de cet ordre, arrêtèrent un Israélite anglais, originaire de Gibraltar, qui avait refusé de s'y conformer. L'Israélite leur échappa et se réfugia chez le consul d'Angleterre, qui se rendit aussitôt auprès du bey demander réparation de l'injure faite à un sujet de S. M. Britannique par un agent de l'autorité. Le bey Mahmoud, irascible par nature, et furieux de voir le représen-

(1) Voir *Tunis*, par Léon Michel. Paris 1857.

tant d'une grande puissance crier si fort pour une insulte faite à un Juif, répondit sèchement qu'il entendait que son ordre fût exécuté, et que celui qui refuserait de s'y conformer serait expulsé de ses Etats. Le consul quitta le bey en le menaçant de demander l'appui de son gouvernement et de faire venir à la Goulette, pour obtenir réparation, l'escadre que lord Exmouth commandait alors dans la Méditerranée. Mais le bey, après réflexion, lui dépêcha un des plus hauts dignitaires de sa cour pour lui faire des excuses et l'informer que, désormais, les Israélites étrangers seraient libres de porter tels habillements et telle coiffure que bon leur semblerait (1).

L'interdiction de porter le chapeau, levée en faveur des Israélites étrangers, ne fut que plus strictement observée vis-à-vis de leurs coreligionnaires indigènes. Les Israélites qui formaient la communauté *grana* obtinrent comme une faveur spéciale, et au prix de grandes sommes d'argent, l'autorisation de remplacer le bonnet noir traditionnel par un bonnet blanc en coton. Quelques-

(1) Voir *Annales tunisiennes*, par Alph. Rousseau, p. 347 et suiv.

uns d'entre eux, dont les parents étaient originaires de Toscane, manifestèrent des velléités de
garder le chapeau ; ils furent emprisonnés et
soumis au supplice de la bastonnade. Il ne fallut
pas moins, pour les faire élargir, que l'intervention
énergique de M. Nyssen, consul général de
Hollande et d'Autriche, et qui avait été naguère
chargé de négocier un traité entre le bey de Tunis
et le grand duc de Toscane (1).

La protection efficace que trouvaient, auprès
des représentants des puissances, les Israélites
originaires d'Europe, dont l'ensemble constituait,
en grande partie, la communauté *grana*, et le
despotisme avec lequel le caïd exerçait son
influence sur toutes les affaires du judaïsme tunisien, inspirèrent aux Israélites *livournais* l'idée
de s'affranchir totalement de l'autorité du caïd.
Ils possédaient déjà leurs temples, leurs rabbins,
leurs boucheries et leurs administrations ; la
suprématie et les prépotences du caïd leur pesaient,
et ils employèrent pour s'en affranchir complètement tous les moyens en leur pouvoir. Après

(1) Voir *Annales tunisiennes*, par Alph. Rousseau, p. 340
et suiv. Voir également *Journal de la Jeunesse*, n° 427, du
5 février 1881.

s'être imposé des sacrifices considérables, après avoir soudoyé bey, ministres, hauts fonctionnaires, ils obtinrent enfin, en 1824, du bey Hussein, à l'occasion de l'inauguration d'une citerne bâtie ou restaurée par les Juifs de corvée auprès de la ville, dans le voisinage de la porte dite Bab Sidi Abd Es Salem, la reconnaissance de l'autonomie de leur communauté et la nomination d'un caïd spécial choisi parmi eux par l'autorité, mais qui n'eut jamais ni les prérogatives, ni les attributions, ni l'influence de son collègue de la communauté indigène.

Le long règne d'Ahmed bey a été pour les Juifs de Tunisie une période de repos et de prospérité. Le bey aimait à imiter les institutions et les usages européens; il visita la France et manifesta, à son retour, le désir d'introduire, dans l'administration de son pays, les règles de justice et d'équité dont il venait d'admirer les effets. Il avait à son service des intendants, des médecins, des fonctionnaires israélites, et ces influences diverses procuraient quelque bien-être aux Juifs tunisiens. Les rapports fréquents avec les pays civilisés, l'ascendant croissant des consuls, produisaient des effets heureux, et la situation des Juifs s'améliorait sensiblement.

— D'ailleurs Ahmed bey ne les oubliait jamais dans ses aumônes, et, dans les années de mauvaises récoltes, il leur faisait souvent distribuer plusieurs *caffis* de blé.

XI

LES ISRAÉLITES SOUS MOHAMMED BEY
LA CONSTITUTION TUNISIENNE

Le successeur d'Ahmed, Mohammed bey, inau-
gura son règne par une mesure fort heureuse en
faveur des Israélites. Le bey avait eu l'occasion de
connaître et d'apprécier le caïd Joseph Scemama
qui, en qualité de payeur, suivait son armée alors
qu'il n'était que bey du camp. Grâce à l'influence
qu'exerçait sur lui le caïd des Israélites, il sup-
prima, lors de son avénement au trône beylical,
en 1855, les corvées qui étaient imposées aux
Israélites, ainsi que la surtaxe que leurs marchandises payaient à l'entrée, et la responsabilité
collective de tous les Israélites pour les impôts de

chacun d'eux. Désormais l'Israélite entra dans le droit commun, et aucune différence fiscale ne fut plus admise entre lui et son concitoyen mahométan.

Ce prince était toutefois fort attaché à la religion musulmane, et la même année de son avénement, 1855, un Israélite de Tunis, nommé Batto Sfez, accusé d'avoir blasphémé la religion mahométane, fut déféré par lui à la justice du Schrâa (tribunal religieux du cadi), où il fut condamné à mort. Les Israélites et les chrétiens (1), indignés de la rigueur et de la cruauté de cette sentence, et se sentant tous menacés par ce jugement inqualifiable, s'unirent dans un même effort et firent des démarches pressantes et énergiques auprès des autorités locales et consulaires pour en empêcher l'exécution. Les représentants des puissances firent, à la suite de ces démarches, de sévères remontrances au bey, qui leur promit d'épargner la vie du malheureux Sfez. Malgré cette promesse, répétée à une députation d'Israélites qui s'étaient rendus auprès de Mohammed bey pour implorer sa clémence en

(1) Constatons encore avec joie l'union que nous trouvons toujours à Tunis entre Israélites et Chrétiens toutes les fois qu'un danger vient menacer les uns ou les autres.

faveur du condamné, malgré l'argent répandu
à flots par les Juifs pour sauver la vie de leur
coreligionnaire, malgré les supplications des prin-
cesses qui, à la prière des femmes juives, intercé-
dèrent en faveur du condamné, le bey fut inflexible
et Sfez fut exécuté. Aussitôt les Israélites et les
chrétiens se réunirent de nouveau, et décidèrent
d'envoyer auprès de Napoléon III une députation
chargée de lui présenter un mémoire lui relatant
le meurtre commis, et de lui demander aide et
protection en faveur des non-musulmans, qui ne
se sentaient plus en sûreté dans le pays. Une commission composée de trois membres, MM. Fabre,
Foa et Carcassonne, ces deux derniers Israélites
français, fut chargée de rédiger le mémoire et de
se rendre à Paris pour le présenter à l'empereur.

Quelque temps après, alors que le bey croyait
le meurtre de Sfez oublié, il vit, de son balcon de la
Marsa, arriver en rade de la Goulette une escadre
française. L'amiral qui la commandait ne tarda
pas à se présenter au palais, accompagné de
M. Léon Roches, consul général de France, et
imposa au bey, au nom de son gouvernement,
d'octroyer promptement à ses sujets une charte
reconnaissant l'égalité absolue de tous les Tuni-

siens, sans distinction de religion, et l'exercice libre et sans entrave de tous les cultes en Tunisie.

Devant une attitude aussi formelle et aussi catégorique, le bey céda et tint parole. La Constitution, octroyée et promulguée au mois de septembre 1857, abolissait toutes les prérogatives que les lois et les usages avaient établies en faveur des musulmans, et toutes les lois d'exception contre les Juifs. L'égalité la plus parfaite était établie entre tous les sujets du bey, quelle que fût leur croyance, et la liberté la plus absolue était accordée à la pratique de tous les cultes en Tunisie. Voici les articles de ce rescrit qui se rapportaient plus spécialement aux Israélites, ou qui leur accordaient l'égalité devant la loi (1) :

« *Déclaration préalable*. — Persuadé qu'il faut suivre les prescriptions de Dieu en ce qui concerne toutes ses créatures, je suis décidé à ne plus laisser peser sur celles qui sont confiées à mes soins ni l'injustice ni le mépris. Je ne négligerai rien pour les mettre en pleine possession de leurs

(1) Cette Constitution, datée du 20 moharrem 1274 de l'hégire (10 septembre 1857), est divisée en trois parties : 1° le pacte fondamental; 2° les explications ou commentaires au pacte fondamental, et 3° la loi organique.

droits..... J'ai déjà commencé, comme on le sait, à alléger les taxes qui pesaient sur mes sujets (1)...

Pacte fondamental. — Art. 1. — Une complète sécurité est garantie formellement à tous nos sujets, à tous les habitants de nos États, quelles que soient leur religion, leur nationalité ou leur race. Cette sécurité s'étendra à leur personne (qui sera respectée, à leurs biens sacrés, à leur réputation honorée...

Art. 2. — Les musulmans et les autres habitants du pays seront égaux devant la loi...

Art. 4. — Nos sujets israélites ne subiront aucune contrainte pour changer de religion, et ne seront point empêchés dans l'exercice de leur culte. Leurs synagogues seront respectées et à l'abri de toute insulte...

Art. 6. — Lorsque le tribunal criminel aura à se prononcer sur la pénalité encourue par un Israélite, il sera adjoint audit tribunal des assesseurs également Israélites. La loi religieuse (mu-

(1) Allusion à la suppression de la corvée et des autres taxes spéciales qui pesaient sur les Juifs, et que le bey Mohammed venait de supprimer lors de son avènement au trône.

sulmane) les rend d'ailleurs l'objet de recommandations bienveillantes...

ART. 8. — Tous nos sujets, musulmans et autres, seront soumis également aux règlements et usages en vigueur dans le pays ; aucun d'eux ne jouira à cet égard de privilège sur un autre.....

Commentaires sur le pacte fondamental.

CHAPITRE I⁰ʳ. — Nous nous engageons devant Dieu, envers tous nos sujets, de quelque religion qu'ils soient, à leur faciliter, par tous les moyens en notre pouvoir, le sûr et libre exercice de leur culte..... Pour ce qui regarde leur sûreté et liberté religieuse, nos sujets non musulmans ne seront jamais ni contraints à changer de religion, ni empêchés de le faire.... Ainsi il y aura égalité parfaite devant la loi, sans distinction de religion.

CHAPITRE II. — Nous promettons formellement à chacun de nos sujets la jouissance de toute sûreté personnelle, morale et matérielle.....

CHAPITRE III. — Nous promettons formellement à tout propriétaire parmi nos sujets, et sans distinction de religion, une sûreté complète de ses biens, meubles et immeubles ..... Tous nos sujets, quelle que soit leur religion, pourront

posséder des biens immeubles.... .. Le gouvernement ne forcera jamais aucun ouvrier ni aucun
artiste à travailler pour lui contre son gré.......

CHAPITRE IV. — Nous renouvelons à nos sujets,
à quelque religion qu'ils appartiennent, l'assu-
rance que leur honneur sera respecté, qu'aucune
peine infamante ne sera prononcée contre eux
pour le seul fait d'une accusation, quelque haute
que soit la position de l'accusateur, car tous les
hommes sont égaux devant la loi (1).

Lois organiques. — .... ART. 78. — Tout
sujet tunisien, àquelque religion qu'il appartienne,
qui n'aura pas été condamé à une peine infamante,
pourra arriver à tous les emplois du pays, s'il en
est capable, et participer à tous les avantages
offerts par le gouvernement à ses sujets.......

ART. 86. — Tous les sujets du royaume tunisien,
à quelque religion qu'ils appartiennent, ont droit
à une sécurité complète quant à leur personne,
leurs biens et leur honneur, ainsi qu'il est dit
à l'article 1er du pacte fondamental....... }

(1) On reconnaîtra facilement l'allusion assez transpa-
rente à l'accusation portée contre Batto Sfez, et au terrible
châtiment qui l'a suivie.

ART. 88. — Tous les sujets du royaume, à quelque religion qu'ils appartiennent, sont égaux devant la loi....... .

ART. 91. — Tout Tunisien, né dans le royaume, lorsqu'il aura atteint l'âge de 18 ans, doit servir son pays pendant le temps fixé pour le service militaire.......

ART. 94. — Tous les Tunisiens non musulmans qui changeront de religion continueront à être sujets tunisiens et soumis à la juridiction du pays (1). »

En même temps que le bey promulguait une Constitution aussi libérale, il instituait un Conseil d'Etat, auquel il donnait le titre de « Conseil suprême, » et qui avait à la fois pour mission d'être le gardien des lois constitutionnelles et de constituer la haute Cour de justice de l'Etat. Un certain nombre de membres de ce Conseil suprême étaient nommés par le bey, d'autres par les notables. Dans une des premières séances de ce Conseil, une discussion fut engagée parmi deux

(1) Cet article fait allusion aux individus que parvenaient à convertir les missionnaires catholiques et protestants, en leur offrant comme appât la protection d'une puissance étrangère et, par là, l'affranchissement du paiement des impôts.

des membres les plus influents, l auts dignitaires de l'Etat, sur la question de savoir s'il ne serait pas juste que l'élément israélite fût représenté au Conseil suprême. Le parti hostile à la représentation des Juifs se trouva en majorité, et la porte du Conseil resta fermée à l'élément juif.

Tels sont les articles établissant l'affranchissement des Juifs tunisiens, dans cette charte, octroyée par un bey fanatique, Mohammed bey, sous la pression de la France, à la suite d'un acte odieux de cruauté et de barbarie, qui avait soulevé l'indignation de l'Europe. Les Israélites avaient payé du sang d'un des leurs l'égalité devant la loi, pour laquelle ils avaient combattu depuis des siècles. La Constitution de 1857 la leur accordait officiellement, pleine et entière. En outre, ils l'obtenaient grâce à l'intervention énergique de la France, de cette nation généreuse qu'on est sûr de trouver toujours, on l'a dit et on ne saurait trop le répéter, « partout où il y a une cause juste à défendre, et la civilisation à faire prévaloir. »

Cette charte n'eut qu'une durée éphémère, et a dû être rapportée à la suite de la sanglante révolution qui éclata en Tunisie en 1864. Aussitôt qu'il parvint à apaiser cette révolution, qui faillit coûter au bey Mohammed es Sadok son trône et sa vie, ce souverain s'empressa de rapporter la Constitution octroyée par son prédécesseur, et qui s'accordait mal avec les mœurs et les goûts autoritaires du bey et des hauts dignitaires de la cour. Il est juste d'ajouter que la grande majorité de la population n'était pas encore prête à jouir des lois libérales, qui menaçaient de devenir des instruments dangereux entre les mains de quelques intrigants ambitieux.

Mais si la Constitution fut retirée, les abus qu'elle avait été appelée à réprimer n'en disparurent pas moins. Si l'arbitraire était quelquefois exercé, des peines corporelles appliquées, des confiscations pratiquées, c'était indifféremment à toute la population, aux musulmans aussi bien qu'aux Juifs. On pourrait même dire que les Juifs y étaient moins exposés que les Arabes, car à la suite du meurtre de Sfez, les gouvernements européens les avaient recommandés à la bienveillance de leurs représentants à Tunis, et ceux-ci ne se faisaient pas faute de les protéger toutes les fois qu'ils faisaient appel à leur appui.

XII

LES ISRAELITES SOUS LE BEY SADOK

Une des manifestations éclatantes de l'appui que
les Israélites trouvaient auprès des représentants
des puissances, surtout auprès du consul général
de France, fut donnée en 1875. — Un musulman
avait, en plein midi, assassiné un Israélite dans
une des rues les plus fréquentées de Tunis, puis
s'était réfugié dans une *zaouiya* (mosquée), d'où
les usages musulmans défendent de faire sortir un
criminel, sous quelque prétexte que ce soit. Les
Israélites, certains de ne pas obtenir justice en
s'adressant à l'autorité locale, fermèrent tous,
comme un seul homme, leurs magasins, et transportèrent le cadavre de la victime devant la porte

des consulats, demandant justice du meurtre commis. — Le consul général de France provoqua une réunion du corps consulaire, qui se réunit sous la présidence de son doyen, M. Wood, consul d'Angleterre, et se rendit en corps auprès du bey pour lui demander justice immédiate. Malgré tous les usages qui s'y opposaient, l'assassin, qui appartenait à une famille de schérifs (descendants du prophète), fut retiré de la *zaouiya* et exécuté. Cet acte de justice calma aussitôt la population juive.

Les Israélites indigènes restaient soumis, comme les Arabes d'ailleurs, au supplice de la bastonnade. Le gouverneur de la ville ne se faisait pas faute d'appliquer cette peine pour les contraventions les plus futiles. Ce fut au mois de décembre 1877 que, grâce aux démarches du comité tunisien de l'Alliance israélite (1), des ordres furent donnés au gouverneur de la ville pour que ce châtiment ne fût plus infligé, à l'avenir, aux Israélites de Tunis (2).

(1) Un Comité de l'Alliance israélite s'était formé à Tunis depuis 1863. Ce comité venait d'être réorganisé sur des bases solides au mois d'octobre 1877.

(2) Voir le *Bulletin de l'Alliance israélite* du mois de décembre 1877, p. 248.

Pendant la révolution qui éclata en Tunisie en 1864, les Israélites de plusieurs villes de la Régence ont eu cruellement à souffrir des fureurs de la populace. Ceux de Sfax, en particulier, où un musulman, Ben Gdam, excitait ses coreligionnaires à la guerre sainte, ont dù, ainsi que les chrétiens, quitter la ville et chercher un refuge, les uns à Tripoli, les autres à Malte ou à Tunis. Pendant leur absence, leur quartier fut pillé, leurs maisons saccagées, leurs magasins incendiés. Lorsque plus tard l'ordre fut rétabli dans la ville, le gouvernement du bey fit accorder aux Israélites ainsi qu'aux Européens, des indemnités pour les pertes qu'ils avaient subies à la suite de la révolte.

Les années 1866, 1867 et 1868 furent calamiteuses pour la Tunisie. La famine, le typhus, le choléra ravagèrent tour à tour la Régence tunisienne et lui enlevèrent le tiers de sa population. Les Israélites, dans leurs angoisses firent appel à leurs frères d'Europe L'Al iance israélite de Paris ouvrit en leur faveur une souscription et leur fit parvenir des sommes considérables Le *board of deputies* de Londres en fit autant et la population juive fut ainsi soulagée et relativement épargnée.

En 1874, une querelle intestine éclata entre les Israélites de Tunis, à propos d'une question d'administration des écoles rabbiniques. La nécessité de réformes se faisait sentir; mais le parti du progrès trouvait obstacle auprès de celui de la réaction, et la querelle, fort envenimée à un moment donné, se termina par une transaction.

En 1876, une autre querelle intestine éclata parmi les Israélites tunisiens. Cette fois, le prétexte était l'administration de la boucherie. Un groupe d'Israélites, pour la plupart protégés français à titre d'originaires d'Algérie, mécontents de la façon dont les administrateurs de la communauté en géraient les revenus, manifestèrent l'intention de se séparer de leurs coreligionnaires et de former une communauté distincte. M. Roustan, alors représentant de la France, avait pris fait et cause pour le groupe de ses administrés, tandis que le général Khérédine, alors premier ministre du bey, défendait l'ancienne communauté. Après plusieurs conférences entre le premier ministre, le consul général de France et les chefs des deux groupes en litige, on parvint à établir un accord, d'après lequel l'administration de la communauté, et principalement la branche se rapportant à l'exploitation du monopole de la boucherie, serait exercée par cinq notables israélites, dont trois parmi les sujets du bey et deux parmi ceux placés sous la juridiction de la France. Le caïd des Israélites était le président de ce conseil d'administration, qui devait être renouvelé tous les ans. Cet accord fut sanctionné par un décret beylical (*Amar bey*) daté du 23 schaban 1293 (13 septembre 1876), et dont une copie a été adressée au caïd des Israélites, et une autre au consul général de France (1).

Le besoin des réformes se faisait partout sentir. Il était naturel que l'attention des Israélites tunisiens fût appelée sur la situation de l'enfance et sur l'éducation et l'instruction de la jeunesse indigente (2).

De tout temps, il avait existé à Tunis, comme dans tous les centres juifs du monde entier, des établissements où les enfants, surtout les fils des

---

(1) Ce décret n'a pas été abrogé et a eu force de loi jusqu'au 13 juillet 1888, où le monopole a été remplacé par une taxe. A ce titre, nous croyons utile de le reproduire. On en trouvera la traduction au n° IV de l'appendice.

(2) Les Israélites riches faisaient instruire leurs enfants dans les diverses écoles de la ville; quelques-uns les envoyaient compléter leur éducation en France ou en Italie.

pauvres, étaient, sous la surveillance de quelques rabbins, réunis dans des locaux spéciaux. Ces écoles, où l'on n'enseignait que la lecture de la Bible et du Talmud, et que l'on désignait sous le nom de *Talmud-Torah* (enseignement de la Bible), avaient, nous l'avons vu, depuis longtemps des revenus spéciaux, gérés par des administrateurs particuliers. Il existait à Tunis deux de ces établissements, un à la charge et pour les enfants indigents de chaque communauté (1). A plusieurs reprises, des esprits généreux se sont préoccupés de ces établissements et ont essayé d'en améliorer la situation. Mais la tâc e était lourde, les besoins grands et les ressources trop faibles. Les petits remèdes devaient fatalement échouer. Depuis plusieurs années, l'*Alliance israélite* de Paris et l'*Anglo-Jewish Association* de Londres s'étaient préoccupées de la question. Ce n'est qu'à la fin de l'année 1877 que le projet d'une réorganisation

(1) Il ne serait pas déplacé de faire connaître l'état où se trouvaient ces établissements et la situation à laquelle il s'agissait de porter remède. Dans ce but, nous donnons au n° V de l'appendice quelques extraits d'un rapport adressé au comité central de l'Alliance israélite, au mois de février 1878, sur l'état du *Talmud-Torah* entretenu par la communauté tunisienne.

scolaire radicale fut sérieusement étudié. Le comité régional de l'Alliance israélite venait d'être reconstitué ; les membres qui le composèrent reçurent de leurs électeurs le mandat formel de s'occuper surtout de la question scolaire. Le nouveau comité ne faillit pas à sa mission, et, d'accord avec les chefs des deux communautés, aborda courageusement l'étude de la fondation d'une vaste école pour la jeunesse israélite de Tunis. Il fut convenu que l'*Alliance israélite* serait désormais chargée de l'éducation et de l'instruction de la jeunesse ; qu'à cet effet on confierait à son comité de Tunis l'administration de tous les revenus et de tous les immeubles des deux *Talmud-Torah*, dont les enfants seraient versés dans le nouvel établissement projeté. Pour faire face aux nouveaux besoins qu'exigeait l'entreprise, les Israélites de Tunis consentaient à créer un nouvel impôt, consistant en une majoration du prix de la viande, dont chaque livre serait augmentée de *une caroube*. Ce nouvel impôt serait perçu au profit de l'école de l'*Alliance*. Ces stipulations furent consignées dans des documents qui furent revêtus des signatures de tous les rabbins et de tous les notables des deux communautés israélites. Le nouvel impôt fut sanctionné par un décret beylical, daté du 24 Rebia-el-Aouel 1295 (8 mars 1878) (1).

La nouvelle école, largement subventionnée par l'*Alliance israélite* de Paris et par l'*Anglo-Jewish Association* de Londres, fut inaugurée au mois de juillet 1878, et l'inauguration fut précédée d'une fête à laquelle assistaient les ministres du bey et tous les représentants des puissances européennes. Ajoutons que le consul général de France avait prêté au comité de l'Alliance israélite un concours empressé pour la réussite de l'œuvre, et qu'il avait ouvert, parmi ses nationaux israélites, une souscription destinée à subvenir aux frais de premier établissement.

En 1879, le bey Mohammed-es-Sadok donna un nouveau témoignage de sympathie aux Israélites de Tunis, en leur accordant gratuitement un terrain d'une superficie de 1,000 mètres carrés, situé dans une des plus belles rues de la ville, dans le but d'y ériger une synagogue.

_____

(1) On trouvera, au n° VI de l'appendice, la traduction de la lettre adressée par le premier ministre du bey, Mohammed Khaznadar. au caïd des Israélites, lui annonçant la sanction accordée par le bey à la perception de la nouvelle taxe au profit de l'école de l'Alliance israélite. Un décret du 13 juillet 1883 vient de donner une nouvelle sanction officielle à cette disposition.

Mais si dans la ville de Tunis les Juifs jouissaient de la plus grande tranquillité, il n'en était
pas de même dans les villes de l'intérieur. On a eu
à enregistrer, dans les années 1878, 1879 et 1880,
plusieurs assassinats d'Israélites au Kef, à Sfax, à
Djerba, à Gafsa, etc. Il faut dire que l'autorité
locale supérieure faisait toujours bon accueil aux
plaintes des Israélites et que les consuls généraux,
surtout ceux de France et d'Angleterre, n'hésitaient pas à prendre leur défense et à appuyer
leurs réclamations auprès du gouvernement du
bey. Enfin le protectorat de la France en Tunisie,
proclamé le 12 mai 1881, vint mettre définitive-
ment un terme aux dernières inégalités religieuses
dans la Régence.

Nous arrêtons ici notre récit. Grâce à l'administration juste, honnête et libérale que le gouvernement français a entrepris d'établir en Tunisie,
la situation des Israélites va s'améliorer. Ils vont
acquérir tous leurs droits, avoir leur place et leur
influence dans les affaires de leur pays, et relever,
sous la protection bienveillante du gouvernement,
leur situation matérielle, morale et intellectuelle.

DEUXIÈME PARTIE

I

NOMS DES ISRAELITES TUNISIENS

Nous venons d'assister à la formation du judaïsme tunisien. Nous venons de voir se constituer peu à peu cette grande agglomération, au moyen d'émigrations successives. L'édifice s'est constitué par des couches d'origines diverses, venant se superposer les unes aux autres. Résumons ces diverses émigrations.

Sans nous arrêter plus que de raison aux Juifs de la Carthage punique, aux voyageurs Zabulonites ni à l'émigration problématique venue à la suite du pharaon Tahraka, nous trouvons une première émigration lente, venue d'Egypte à travers la Cyrénaïque, et dépendant par conséquent du groupe juif alexandrin de la secte d'Onias. La seconde émigration est amenée de force par les Romains lors de la prise de Jérusalem par Titus et de la destruction du second temple ; la troisième, originaire de l'Arabie, est venue en Tunisie à la suite des conquérants musulmans. Puis les émigrations en masse s'arrêtent pendant plus de huit cents ans et le judaïsme tunisien se développe peu à peu, et acquiert son individualité et son caractère original. Plus tard une quatrième émigration est fournie par l'Espagne, à la suite de l'exil des Juifs de ce pays en 1492 ; puis une cinquième, plus lente mais au moins aussi considérable, venue en dernier lieu de l'Italie, mais où elle n'était, en grande partie, que de passage, depuis que les Israélites d'Espagne, et surtout ceux du Portugal, avaient été contraints de quitter leur pays et de chercher un refuge auprès des nations plus tolérantes.

A côté de ces émigrations en masse, viennent s'en infiltrer d'autres, peu nombreuses, il est vrai, et très lentes, mais incessantes, et qui sont encore parfaitement reconnaissables. Ces émigrés viennent d'Algérie, de Tripolitaine, d'Egypte, de tous les pays enfin ; ils s'établissent en Tunisie d'abord à titre d'étrangers, se fixent ensuite peu à peu dans le pays et finissent par se fondre dans le groupe général. Ajoutons enfin les deux petites émigrations italiennes, l'une lors de l'expulsion des Juifs de Sicile, au xiiie siècle, et l'autre lors de leur expulsion du royaume de Naples, en 1745.

Malgré la fusion intime qui s'est effectuée entre les divers éléments dont se compose la population juive tunisienne, il est encore possible de découvrir parmi eux, sinon le type primitif de chacun de ces groupes, du moins un type général formé par les trois premières émigrations venues d'Orient. Les dernières, beaucoup plus récentes, venues d'Occident, n'ont pas encore eu le temps de se fondre avec les autres, de s'y confondre, et de donner naissance à un type spécial. Les éléments de ces dernières émigrations sont parfaitement reconnaissables.

Il n'est pas difficile, en effet, de distinguer, dans l'élément juif de Tunisie, deux types parfaitement caractéristiques et nettement distincts. Tandis que les Juifs provenant des émigrations d'Occident ont la même physionomie que leurs coreligionnaires du bassin méditerranéen, Français, Italiens ou Levantins, ceux dont l'origine est une des émigrations orientales ont un type absolument différent; le nez, la bouche, les lèvres ont une autre forme; le front est plus bas et moins bombé, les yeux plus ronds et plus ardents, la figure moins ovale. La différence est encore sensible au point de vue psychologique. La tournure d'esprit et les dispositions naturelles, dont la ressemblance est si frappante entre les Juifs d'Orient, ceux d'Italie, du midi de la France et du nord du Maroc, ne sont plus les mêmes en Tunisie, chez les Israélites d'origine égyptienne, palestinienne ou arabique. Ceux-ci ont d'autres mœurs, d'autres usages, d'autres manières de vivre, de penser et de juger; et ces différences se remarquent parfaitement, malgré les fusions inévitables entre ces deux éléments, malgré la confusion de mœurs et de coutumes que peuvent produire quatre cents ans de vie, d'affaires, de souffrances et d'efforts communs.

Nous avons d'ailleurs un instrument bien plus précis pour distinguer d'une façon relativement exacte les traces de ces diverses émigrations; ce sont les noms de famille.

On sait que primitivement les Israélites n'avaient, pas plus que les musulmans encore de nos jours, point de noms de famille, et que chacun était désigné par la dénomination de « un tel, fils d'un tel, » sauf à nommer trois ou quatre ascendants, en cas de similitude de noms. Tel était l'état des Israélites de Palestine, lorsqu'ils formaient un corps de nation. Mais alors il n'existait pour ainsi dire pas une liste fixe de noms propres individuels, et chacun, en naissant, recevait un nom spécial rappelant une circonstance quelconque. C'est sans doute comme signe de ralliement et de reconnaissance entre eux, qu'après la destruction du temple de Jérusalem les Israélites s'en tinrent presque exclusivement aux noms bibliques ou talmudiques, et comme le choix n'en est pas bien varié, la nécessité s'imposa de créer des noms de famille. Il existe cependant encore actuellement des groupes d'Israélites (désignés en Orient sous le nom de Calabrais) qui s'en sont tenus à l'usage ancien et qui ne se sont pas encore conformés à l'usage général. Or ces noms de famille sont souvent un véritable certificat d'origine, et l'étude des mots qui les forment indique jusqu'à un certain point la provenance de la famille.

Un examen attentif des noms familials des Israélites tunisiens confirme ce que les données historiques nous ont permis de déterminer. Nous voyons en effet les familles les plus anciennes du pays porter des noms dont la signification est inconnue et dont l'origine pourrait être cherchée dans les langues berbère ou copte (1), ou bien ces noms ont été tellement corrompus et défigurés par le temps qu'il devient impossible d'y trouver une signification. Nous trouvons ensuite des noms bibliques, tels qu'on les trouve en Palestine, et d'autres, hébreux ou arabes, rappelant, soit un métier, exercé sans doute par des ancêtres, soit une particularité physique ou morale dont on se servait pour distinguer les premiers qui les portèrent. Nous rencontrons plus tard des noms dont l'origine espagnole est indubitable, et enfin, parmi les derniers venus, des noms principalement portugais, dont l'orthographe a été légèrement modifiée à la suite d'un séjour plus ou moins long en Italie. Au milieu de toutes ces grandes divisions, viennent se

(1) Ce n'est pas ici le lieu d'examiner les rapports intimes qui existent entre ces deux langues Rappelons seulement en passant que des savants éminents ont classé la langue berbère dans la même famille que le copte et l'ancien égyptien.

placer des noms indiquant des pays d'origine, et qui dénotent, non une émigration nombreuse et en masse, mais des arrivages isolés et individuels.

Voici d'ailleurs une liste à peu près complète des noms de famille des Israélites de Tunisie, groupés par catégories se reportant aux divisions que nous venons de tracer :

1° *Noms dont le sens est perdu.* — Adda, Allal, Ankri, Arich, Assous, Atto, Atton, Bedoussa, Bessis, Beziz, Bismouth, Cacoub, Cohen-Codar, Didi, Douib, Fillouz, Fitoussi, Fregoua, Gabizon, Gandous, Ghaloula, Ghanem, Gouetta, Guez, Halimi, Hori, Jami, Jarmon, Jouari, Jouili, Koschkasch (vulg. Coscas), Ktorza, Lellouch, Mazouz, Melloul, Memmi, Mesgheni, Messis, Messica, Mettodi, Nataf, Roan, Sagron, Sberro, Schelli, Schemmama (vulg. Scemama ou Samama), Serour, Seroussi, Sfez, Sinouf, Selbon, Sis, Sitrouk, Slakhmon, Smaja, Smila, Stioui, Souid, Tartour, Temsit, Toubiana, Younès, Zagdon, Zagron, Zemagi, Zerafa, Zert, Zerouk, Zetlaoui, Zimour.

2° *Noms bibliques ou palestiniens.* — Abizerah, Abrahami (vulg. Brami), Amram, Azaria (ou Azria), Barouh, Ben-Ezra, Ben-Ribbi, Ben-Rou-

ben, Ben-Sasson, Ben-Simon, Beraha, Carmi,
Cohen-Yonatan, Goziel, Guedalia, Jahia (vulg.
Jacchia), Israël, Maïmon, Nahoum, Nehamia (ou
Nahmias), Obadia, Rouben, Schealtiel, Schalom,
Semah, Simeoni, Soussan, Zeevi.

3° *Noms de métiers.* — A. *En hébreu ou en
chaldaïque.* — Edan, Hayat, Hazan, Hozè, Saban,
Schekli, Schemla, Sofer, Yadan.

B. *En arabe.* — Ammar, Attal, Bahamni, Bara-
nès, Ben-Attar, Dahan (ou Ben Dahan), Berdà,
Bitan, Cahloul, Casbi (ou Cassabi), Cohen-Ganouna,
Dahbi, Donkhan, Flah, Haddad, Hadida, Ha-
ouani, Hattab, Jaoui, (Ben-Jaoui ou Bijaoui),
Kabla, Khallaf, Lahmi, Nakasch, Nijar (ou Najar),
Ouakil, Raccah, Sebag, Sefar, Taïeb, Tebika,
Touma, Troujeman, Zafrani, Zarka, Zeïtoun.

4° *Noms provenant d'une particularité quel-
conque.* — A. *En hébreu ou en chaldaïque.* —
Aloul, Açour, Assal, Attia, Baadasch, Catan,
Cohen-Scholal (vulg. Solal), Corcos, Dana, Danan
(ou Ben-Danan), Daninos, Darmon, Darmoni,
Dayan, Debasch, Habib, Harari, Hassid, Hayon,
Hobani, Lischa (ou Ben-Lischa), Mahadar,
Naaman, Naïm, Riaïhi, Saddik, Temam, Temim,
Tibi, Tobi, Yarouch, Zaken, Zarhi, Zerah.

B. *En arabe*. — Abou-Derham, Allouch, Arki, Beïda, Belaïsch, Belladina, Bellaham, Bellahsen, Benaïnouch, Boubli, Bounan (vulg. Bonan), Boudjenah, Bouhobza, Bourgel, Cohen-Hadria, Cohen-Zerdi, Dekiar, Demri, Dreï, Elladaoui, Farjon, Ghozlan, Hababo, Haccon, Haddouk, Haïck, Halfon, Halifi, Hamami, Hassan, Khrif, Maarek, Marzouk, Moatii, Mouli, Saada, Saadon, Sahal, Sahala, Sellam, Slama, Tahar, Touil, Yaïsch (ou Benyaïsch).

5° *Noms étrangers*. — A. *Espagnols*. — Azulaï, Baron et Benbaron, Bueno, Castro, Cohen de Lara, Cohen-Rosa, Costa, Franco, Gateño, Henriquez, Herrera, Hombres, Levy de Léon, Mamo (pour Mi amo), Medina, Mosnino, Niños, Nuñès, Osuna, Pariente, Paz, Perez (1). Sierra, Silvera, Sonsino, Soria, Tapia, Valensi, Vergas.

B. *Portugais*. — Cardozo, Guttierez, Lumbrozo, Mendoza, Minhos, Spinoza.

C. *Italiens*. — Ben-Nero, Cariglio, Cesana, Eminente, Finzi, Forti, Funaro, Giorno, Lazzaro,

---

(1) Les deux noms Castro et Perez, bien que le dernier d'origine hébraïque et le premier de source grecque, sont tellement fréquents en Espagne, même parmi la population chrétienne, qu'on peut assurer que les familles qui les portent sont de provenance de la Péninsule ibérique.

Mali, Mani, Montefiori, Nini, Ortona, Pensier, Procaccia, Sinigaglia, Sonnino.

D. *Arabes, Grecs, etc.* — Abbou, Benmoussa, Calô, Fouad, Gheni, Rechid, Vais (pour Weiss), Zana.

6° *Noms indiquant les pays d'origine.* — Abi-Teboul (vulg. Abitbol ou Botbol), Annabi (ou Ounnabi), Benzerti, Boccara, Cohen-Boulakia, Cohen-Tanugi, Constantini, Djerbi, Esfati, Eschkenazi, Fiorentino, Hagège, Kafi, Kesraoui, Marouani, Meghedès, Ouzan, Sarfati, Schraïk Stambouli, Yerouschalmi, Zagouani, Zergani (1)

Cette longue nomenclature nous montre, avec assez de précision, les diverses souches qui ont successivement formé le grand noyau du judaïsme tunisien. Chacun de ces éléments a apporté sa pierre dans l'édifice commun. Nous avons vu, au début de l'ère vulgaire, les Juifs de Tunisie connaissant fort peu la religion de leurs pères, y ayant même introduit des modifications puisées aux usages des peuples environnants, et ignorant

(1) A tous ces noms il faut ajouter ceux de Cohen et de Lévy, très fréquents à toutes les époques et dans tous les groupes israélites, et qui ne peuvent fournir aucune indication spéciale au point de vue de l'origine des familles qui les portent.

d'une manière absolue les prescriptions et peut-
être l'existence même de la loi orale. Peu à peu,
de nouveaux éléments viennent se juxtaposer aux
anciens, des relations s'établissent entre les Juifs
de Tunisie et ceux des autres pays, principalement les chefs des écoles de Syrie ; les connaissances augmentent, au point que les Juifs de
Tunis, dont Maïmonide constatait, au xiie siècle,
l'ignorance absolue en matière talmudique, formaient, au xviie, une communauté réputée pour
sa grande science (עיר גדולה של חכמים ושל
סופרים) et où, à la fin du xviiie siècle, le rabbin
Azoulaï trouvait plus de trois cents rabbins dont
il loue la science.

— — — — — — — —

II

USAGES PARTICULIERS AU JUDAISME TUNISIEN

———

Mais le judaïsme tunisien, dont une seule communauté, celle de Tunis, forme peut-être le centre le plus nombreux de l'Afrique, a eu surtout son développement intérieur, donnant ainsi naissance, au sein du grand groupe Sephardite, à une branche distincte, ayant conservé, avec le reste de ses coreligionnaires, des différences sensibles dans la façon de prononcer l'hébreu, dans la composition des prières, dans la division du Pentateuque et le choix des הפטרות, dans les lois multiples se rapportant à la nourriture, et jusque dans la façon de purifier et d'habiller leurs morts.

Nous allons passer en revue ces différences, qui serviront à donner au judaïsme tunisien l'individu alité distincte que lui assigne l'histoire de ses origines.

La façon dont les Israélites tunisiens prononcent l'hébreu diffère sensiblement de celle de leurs coreligionnaires répandus sur les côtes du bassin méditerranéen. Ceux qui sont originaires de l'Espagne ont conservé, dans quelque contrée qu'ils aient émigré, la prononciation hébraïque de leur pays d'origine, sauf pour les phonétiques gutturales du ח et du ע. Ils observent encore aujourd'hui, dans leur lecture, les règles si précises établies par les grammairiens juifs qui ont illustré l'Espagne du moyen-âge. En Tunisie, au contraire, une grande partie de ces règles sont inconnues, et font quelquefois place à d'autres offrant plus d'analogie avec celles de la grammaire et de la phonétique arabes. Ainsi, les Israélites tunisiens ignorent la division des voyelles en cinq longues et cinq brèves, division que les grammairiens espagnols ont peut-être empruntée aux langues indo-européennes. A Tunis, le קמץ a toujours la valeur de â, et la différence entre le קמץ רחב et le קמץ חטף n'existe pas. Le צרי et le סגול sont deux voyelles différentes ayant chacune sa prononciation distincte, la première se rapprochant sensiblement du חִירֵק et la seconde du פַּתַח. Ils confondent souvent le פ avec le ב et le שׁוּרֵק avec le חוֹלֶם, mais cela vient sans doute de ce que la langue arabe manque du son *p* et de la phonétique *o*.

Aucune distinction n'est établie par eux entre le שׁוָא נָע et le שׁוָא נָח après les voyelles longues ou brèves; tous les שׁוָא sont quiescents, même au commencement du mot. Dans le cas du double שׁוָא (ce que les grammairiens espagnols appellent כְּפוּלוֹת), l'un des deux a toujours la valeur d'un פַּתַח (1).

La plupart de ces distinctions dans la prononciation, observées chez les Juifs de Tunisie, sont telle.. ment en conformité avec les règles de la grammaire arabe, qu'une question se pose involontairement Les Juifs de Tunisie ne seraient-ils pas dans le vrai, et n'auraient-ils pas conservé la prononciation de la langue hébraïque plus purement et plus exactement que leurs coreligionnaires d'Espagne,

_____

(1) Cette dernière observation est particulièrement digne d'appeler l'attention. Il n'est peut-être pas téméraire d'affirmer que primitivement la prononciation du שׁוָא נָע se rapprochait du פַּתַח. Nous en avons la preuve dans le procédé employé par les *Massorétiques* qui, toutes les fois qu'ils veulent indiquer qu'un שׁוָא est נָע, le font précéder d'un פַּתַח. Les exemples sont fort nombreux dans la Bible.

qui l'auraient laissée se modifier au contact des
langues indo-européennes? Ou bien, au contraire,
la prononciation espagnole serait-elle plus exacte,
et ce seraient les Juifs de Tunisie qui auraient
corrompu la leur en la rapprochant de l'arabe,
langue dont ils se servaient? L'origine des deux
langues, issues de la même famille, paraîtrait
donner plus de vraisemblance à la première assertion, mais ce n'est pas ici le lieu de se livrer à
un examen approfondi de la question.

La même divergence que dans la prononciation
de la langue hébraïque se manifeste encore dans
l'ordre et dans la composition des prières. On sait
que le rituel, tel qu'il est actuellement, n'a pas
été formé tout d'une pièce, et qu'à côté et autour
d'une petite formule primitive, chaque groupe a
fait une certaine quantité d'additions, dont l'usage
s'est étendu d'un pays à l'autre, et qui ont fini par
former corps avec le noyau principal. Le groupe
des Israélites tunisiens ne pouvait pas échapper à
cette règle. Le noyau principal de leurs prières,
le שמנה עשרה et le יוצר, ne diffère guère de
celui des autres groupes Sephardites d'Europe
et d'Orient; les parties accessoires, au contraire,
varient, soit dans la forme, soit dans l'ordre. D'un

autre côté, les variations deviennent plus notables à mesure que les circonstances sont plus rares et les prières moins communes. Ainsi les changements sont peu importants dans la prière quotidienne, et ne consistent que dans la suppression, l'annexion ou l'interposition de quelques psaumes ou d'autres passages de la Bible. Dans la prière du samedi, les changements deviennent plus importants; ils le deviennent encore davantage dans celle des fêtes, et sont très notables dans les הושענות de סכות. Enfin, pour les grandes fêtes de ראש השנה et du יום כפור, les changements sont tellement considérables, qu'il n'y a de commun, entre les prières des Juifs tunisiens et celles des autres Sephardites, que les parties les plus essentielles. Les Tunisiens ont des מחזורים spéciaux, contenant une foule de פזמונים et de מוספים qui sont inconnus dans les rituels ordinaires; les parties même qui sont communes ne sont pas dans le même ordre, les psaumes annexés ne sont pas toujours les mêmes et l'ordre est loin d'en être commun aux deux groupes (1).

(1) Les communautés israélites de Constantine, d'Alger, d'Oran et de Tlemcen se trouvent, en partie, dans le même cas pour les prières du ראש השנה et du יום כפור et ont aussi des מחזורים spéciaux. On sait qu'il en est de même pour les Israélites du Comtat Venessin.

Il serait peut-être permis de tirer de ce qui précède la conclusion suivante : Nous avons vu que les Juifs qui habitaient la Tunisie avant la destruction du second temple, quelle que fût leur origine première, n'avaient pas de formule arrêtée pour leurs prières, et que chacun improvisait la sienne selon ses besoins; la grande émigration ordonnée par Titus apporta la première formule employée alors en Palestine, le שמע; l'exilarque Okba ou le rabbin Huschiel ont dû introduire le שמנה עשרה et le יוצר, qui paraissent être l'œuvre des סבוראים ou des גאונים. C'est la seule partie qui soit pareille à celle des autres groupes. Les autres parties des prières ont été introduites peu à peu par des voyageurs ou au moyen de circonstances fortuites; l'introduction des livres de prières, et surtout la facilité d'en acquérir d'imprimés, ont fait le reste. Cependant les usages anciens ont laissé des traces et se sont maintenus en partie, malgré la constitution, à Tunis même, de la communauté *livournaise*, dont les rituels sont presque strictement pareils à ceux des communautés espagnoles proprement dites. On peut même croire que les différences dans les formulaires du rituel ont contribué à l'établis-

sement de l'autonomie de la communauté *grana*.

La distinction est allée plus loin encore, et a atteint en partie l'œuvre des *Massorèthes*. Quelques-unes des הפטרית adoptées en Tunisie sont différentes de celles admises par les autres groupes israélites, même par ceux du rite allemand. Il y a là, sans doute, des choix spéciaux faits par les Israélites de Tunisie. Mais la plus curieuse de ces différences est celle qui se manifeste dans la façon de diviser le Pentateuque. On sait qu'il est d'usage de faire chaque samedi, au temple, la lecture d'une partie du Pentateuque. Afin d'en terminer la lecture dans l'année, les cinq livres ont été divisés en cinquante-quatre parties, de façon que, même lorsque l'année se compose de treize mois (année embolismique), il y en ait une pour chaque samedi. Lorsqu'au contraire l'année n'a que douze mois, on lit ensemble, certains samedis, deux de ces parties, de façon à terminer toujours le Pentateuque le dernier jour de la fête de סכות, à la fête du שמחת תורה. Parmi les parties (סדרות) qui sont tantôt séparées et tantôt unies, sont celles de מטות et מסעי, à la fin du livre des Nombres

(במדבר). Or les Israélites de Tunis n'admettent pas cette division. Pour eux מסעי et מטות ne forment pas deux parties, mais une seule, *toujours* lue en un seul samedi ; et lorsque les nécessités de l'année obligent les autres communautés à les séparer, eux, au contraire, les laissent ensemble, et coupent en deux le סדר משפטים, dans le livre de l'Exode (שמות) dont ils font deux parties spéciales, le סדר אם כסף et le סדרי משפטים. De sorte que, dans les années où cette circonstance se présente, les Juifs de Tunisie lisent le samedi pendant dix-huit semaines, une autre partie de a Bible que tous les autres Israélites du monde. Cette différence est certainement la plus curieuse qui existe entre les Juifs de Tunisie et ceux des autres parties du monde (1).

Une autre preuve du développement isolé et, pour ainsi dire, à part du judaïsme tunisien, se trouve dans les règles observées pour l'examen (בריקה) du bétail abattu en boucherie.

(1) Les Israélites de Tunisie ont un moyen mnémotechnique pour se rappeler l'année où se produit cette particularité, c'est le mot העוי"ף, qu'ils prennent comme un abrégé de ה' עבור ואלה פלג, ce qui signifie que, lorsque la fête du ראש השנה tombe un jeudi et que l'année est embolismique, le סדר ואלה המשפטים doit être partagé en deux.

Partout chez les Israélites on se conforme, pour décider si tel animal est permis (כשר) ou prohibé à la nourriture des Israélites (טרף), aux règles précises tracées par le rabbin Joseph Caro dans ses ouvrages, le בית יוסף et le שלחן ערוך יורה דעה. Or les Juifs de Tunisie ont des traditions qu'ils proclament plus anciennes que les ouvrages du rabbin Caro, et auxquelles ils se conforment pour l'examen des bêtes livrées à la consommation. Ces règles paraissent être moins sévères que celles tracées par le célèbre rabbin espagnol, de sorte qu'il arrive quelquefois qu'une viande considérée impure (טרפה) par les Israélites d'origine ibérique est permise (כשר) à ceux de Tunisie (1).

Terminons cette liste déjà longue des dissem-

(1) J'ai trouvé des traditions analogues dans quelques villes du Maroc, notamment à Tétuan et à Schechouan. Mais il ne m'a pas été donné d'examiner si les traditions tunisiennes et marocaines étaient identiques. Dans les deux villes que je viens de citer, et dans d'autres de l'intérieur du Maroc, m'assure-t-on, les bouchers vendent deux sortes de viande, l'une dite כשר sans פסק, et dont l'examen a été fait en conformité des prescriptions ordonnées par le בית יוסף, l'autre dite simplement כשר, qui aurait été déclarée טרפה selon les règles du rabbin Caro, mais que les traditions du pays proclament כשר. Seules quelques familles spéciales (peut-être provenant d'une émigration plus récente), et quelques rabbins plus dévots que les autres, s'astreignent à ne manger que de la viande de la première catégorie, et ne goûtent pas aux aliments préparés dans des vases où l'on a fait cuire la viande ordinaire.

blances entre les Juifs espagnols et ceux de Tunisie par l'examen de ce qui se passe lors des purifications et des inhumations de cadavres.

Partout où existe un groupe d'Israélites, il se forme dans son sein une corporation ayant pour titre חברה קדישה, ou חברת חסד ואמת, ou simplement חברה, dont les membres se chargent d'assister les moribonds à leurs derniers moments, de procéder à toutes les pratiques et à tous les rites de la purification et de l'habillement des cadavres, de creuser et de bâtir les tombes, d'y porter et d'y ensevelir les morts en un mot de tous les services des inhumations. Les membres de cette société font partout leur service gratuitement et jouissent, en échange, de quelques prérogatives dans la communauté. Ils se subdivisent généralement en trois sections, dont l'une est chargée d'assister l'agonisant à ses derniers moments et de réciter le שמע au moment où il rend le dernier soupir (בשעת יציאת נשמה); la seconde, de procéder à la purification (רחיצה) et à la toilette (הלבשה) des morts, et la troisième de transporter le cadavre au cimetière et de procéder à la confection de la tombe, à l'ensevelissement, enfin de veiller à la police du cimetière.

11.

Or, partout chez les Israélites du rite sephardite il y a, au sujet de toutes ces opérations multiples, un rituel immuable : les prières à réciter
et l'ordre dans lequel elles doivent l'être, la qualité et la quantité d'eau à employer pour la purification, les parties du corps qui doivent être lavées
les premières, le nombre d'ablutions, la façon
dont le linceul doit être confectionné et placé sur
le cadavre, le nombre et la forme des pièces qui le
composent, tout est réglé et invariable. Chez les
Juifs tunisiens, ces rites, également arrêtés et ré-
glés d'une façon invariable, ne ressemblent pas à
ceux de leurs coreligionnaires d'origine espagnole.
On remarque des différences dans le nombre des
ablutions, dans l'ordre dans lequel elles sont
faites, dans les fragments bibliques qu'on récite
en les faisant. Mais la plus curieuse de ces différences consiste dans la façon de préparer les
diverses pièces du linceul et de la forme qu'on
donne à ces objets. Chez les Israélites d'origine
espagnole, habitant les bords du bassin de la
Méditerranée, les pièces dont se compose le linceul et la façon dont elles sont mises, correspon-
dent presque exactement aux vieux costumes espagnols, tels que nous les représentent les gravures

de l'époque. En Tunisie, au contraire, le linceul rappelle, par les pièces qui le composent et par la façon de le placer, le vieux costume juif du pays, dont quelques spécimens se conservent encore aujourd'hui chez les Israélites de Djerba.

Un phénomène curieux à constater, c'est que les Israélites qui forment aujourd'hui la communauté *grana* ont adopté un grand nombre des usages de ceux qu'ils ont trouvés dans le pays, et que les distinctions entre les membres des deux groupes, qu'on a constatées au début, tendent à s'effacer. La vie commune, les mariages entre gens des deux groupes, les relations de famille, l'éducation commune de l'enfance, enfin une administration unique, sage et graduellement progressive, feront disparaît e une division qui n'a plus de raison d'être et qui est une entrave aux progrès des institutions du udaïsme tunisien.

APPENDICE

I

L'INSCRIPTION DE BÉRÉNICE

Il a été fait mention, dans la première partie de ce travail, d'une inscription sur marbre blanc trouvée à Bengazi (l'ancienne Bérénice) et où il est question de remerciements votés par les Israélites de cette ville au gouverneur de la province, Marcus Titius. — Nous croyons intéressant de donner ici la traduction de cette inscription, d'après l'ouvrage de M. d'Avezac sur la Cyrénaïque (collection de l'*Univers Pittoresque*) :

« L'an 55, le 25 de Paophi, en l'assemblée de la fête des Tabernacles, sous l'archontat de Cléandre, fils de Stalonicus ; d'Euphranor, fils d'Ariston ; de Sasigène, fils de Sosippe ; d'Andromaque, fils d'Andromaque ; de Marcus Lelius Anasion, fils d'Appollonius ; de Philanide, fils d'Agémon ; d'Autoclès, fils de Zénon ; de Sonicus, fils de Théodote et de Joseph, fils de Straton ;

D'autant que Marcus Titius, fils de Sextus, de la tribu Emilia, personnage excellent, depuis son avènement à la préfecture, s'est comporté, dans les affaires publiques, avec beaucoup d'humanité et d'intégrité, et qu'ayant marqué dans sa conduite toute sorte de bonté, il continue d'en user de même, et non seulement se montre humain dans les choses

générales, mais aussi à l'égard de ceux qui recourent
à lui pour leurs affaires particulières, traitant surtout favorablement les Juifs de notre synagogue, et
ne cessant de faire des actions dignes de son caractère bienfaisant ;

A ces causes les chefs et le corps des Juifs de
Bérénice ont ordonné qu'il serait prononcé un dis-
cours à sa louange, et que son nom serait orné d'une
couronne d'olivier, avec le lemnisque, à chacune de
leurs assemblées publiques et à chaque renouvelle-
ment de lune, et qu'à la diligence desdits chefs la
présente délibération soit gravée sur une colonne de
marbre de Paros, qui sera érigée au lieu le plus
distingué de l'amphithéâtre.

Voté à l'unanimité. »

La colonne dont il est question, et qui contient
cette inscription en langue grecque, a été, il y a une
cinquantaine d'années, transportée de Tripoli de
Barbarie à Aix en Provence, où elle se trouve actuellement.

II

LES INSCRIPTIONS DE HAMAM ELLIF

Il a été question ci-dessus de fouilles entreprises
à Hamam Ellif par le capitaine de Prudhomme,
et où l'on a découvert un monument composé de
trois salles, dallées chacune d'une mosaïque, contenant une inscription et divers dessins.

Le père Delattre, de la mission d'Afrique, en
envoyant à l'Académie des sciences la copie de ces
inscriptions (comptes rendus, 1er trim. 1883, p. 15

séance du 9 mars 1883), croyait y voir les traces d'un monument chrétien, car, malgré les expressions de « Sainte Synagogue » et de « Chef de la Synagogue » « *Archisynagogus* » il trouvait que l'inscription était accompagnée de symboles chrétiens, tels que l'*Alpha* et l'*Oméga*, le ρ barré en forme de croix et la figure du poisson.

M. Renan, dans le compte rendu qu'il fait à l'Académie au sujet de la communication du P. Delattre, incline plutôt pour voir dans ces ruines les vestiges d'une synagogue. Il fait observer que dans une de ces inscriptions il est question d'une femme, Julia ou Juliana, qui se proclame « servante du Seigneur, » et qui, « pour son salut » a fait, de ses deniers, fabriquer le pavage en mosaïque de l'édifice qu'elle nomme « la sainte synagogue ». A côté de l'inscription se trouvent des chandeliers à sept branches, tels qu'on les rencontre sur les monuments religieux des Juifs, en souvenir du chandelier d'or du temple. Il est vrai que, selon M. Maury, ce même symbole se trouve sur les monuments chrétiens de l'église primitive (1). M. Renan trouve donc dans ce monument un singulier mélange d'emblèmes et d'inscriptions, dont quelques-uns semblent appartenir exclusivement au judaïsme, d'autres au christianisme. La figure du chandelier, l'expression de «synagogue», et, dans une autre inscription, le titre de «Archisynagogus,»

_____

(1) Cette assertion est controuvée, pour la province d'Afrique, par les divers objets du culte que l'on découvre journellement. On vient de mettre à jour dernièrement une lampe chrétienne, sur laquelle on observe le Christ foulant aux pieds le démon et le chandelier à sept branches, symbole du judaïsme vaincu (Académie des Inscriptions, séance du 27 octobre 1888. Communication de M. Le Blant.)

donné sans doute au chef de la communauté, sont des indices de judaïsme; et d'un autre côté, l'expression «pour son salut, » la présence surtout du poisson et du pain, indiqueraient une origine chrétienne. M. Renan conclut en disant : Je crois que le monument est juif.

La troisième inscription, celle placée dans le réduit intérieur, en divise l'espace en deux, et se reproduit deux fois d'une façon à peu près identique. Elle porte, des deux côtés : «Instruments de ton serviteur... » M. Renan fait remarquer que le mot *Instrumenta*, qui, dans le langage vulgaire, désigne des ustensiles, un mobilier, etc., s'emploie, dans la langue ecclésiastique de cette époque, pour désigner les livres de l'Ancien et du Nouveau Testament.

Le monument, nous l'avons dit, était divisé en trois parties, représentant sans doute trois pièces. Celle du milieu, la plus importante, représentait sans doute la synagogue ; celle de droite, de beaucoup plus petite, formait le parvis ; enfin celle de gauche, qui n'était qu'une espèce d'alcôve dépendant de la grande salle, servait sans doute au dépôt des rouleaux de la loi.

La mosaïque de la salle principale était divisée en trois champs inégaux ; à droite et à gauche les deux champs, d'inégale grandeur, étaient ornés de toutes sortes de plantes et d'animaux, particulièrement d'oiseaux ; le champ du milieu se subdivisait également en trois parties, celle de haut représentant la mer avec des poissons et des oiseaux aquatiques, celle de bas les plantes et les oiseaux du pays : des palmiers, des fleurs, des paons et d'autres oiseaux ;

enfin au milieu se trouvait l'inscription suivante, ayant de chaque côté une figure représentant le chandelier à sept branches :

SANCTASINAGOGANARONPROSA
LVTEMSVAMANCILLATVAIVLIA
NAPDESVOPROPIVMTESELAVIT

Voici comment M. Renan propose de couper et de lire cette inscription :

SANCTA SINAGOGA NARON PRO SA
LVTEM SVAM ANCILLA TVA IVLIA
NA P(RO-selyta) DE SVO PROPI(tiatori)VM
TESELAVIT

Selon le savant académicien, Naron serait le nom de la synagogue, distinct peut-être de celui de la localité *ad aquas Gumritanas* (nom ancien de Hamam Ellif).On pourrait être tenté de lire *Julia Nar (onensis)*, mais le troisième caractère de la troisième ligne est sûrement un P barré, marque d'abréviation. Il propose plutôt PRO(selyta). PROPIVM doit être selon lui un accusatif, régime de *tesselavit*. Il propose *propi(tiatori)um*, mot qui, dans le latin chrétien, a le sens de sanctuaire. *De suo proprio* serait tentant, dit-il, mais l'analogie de l'inscription du portique nous porte à croire que la partie dont Juliana a fait faire la mosaïque doit être désignée. Dans le portique. *tesselavit* a un régime, il doit en avoir un dans la salle

Un savant hébraïsant de Vienne, M. D. Kauffmann, propose de rétablir et de traduire ainsi l'inscription :

Sanctam Synagogam Naronitanam pro salute sui ancilla tua Julia.
Naronitana de suo propria tesselavit.

Ce qu'on pourrait traduire par : « Dans cette sainte synagogue naronitaine, ta servante Julia la naronitaine a fait placer cette mosaïque à ses frais, pour le salut de son âme. »

Nous devons ajouter que dans une lettre que le capitaine de Prudhomme adresse à M. Schlumberger, le 15 mars 1883, il dit que dans les fouilles on a trouvé des fragments de marbre qui paraissent avoir fait partie du chandelier à sept branches.

Quant aux signes que le P. Delattre avait pris pour l'*Alpha* et l'*Oméga*, il a été reconnu que c'étaient des images représentant l'*Etrog* et le *Loulab*, ou peut-être le *Schofar*.

La seconde inscription, qui se trouvait sur le seuil conduisant du portique à la salle principale, est ainsi conçue :

ASTERIVSFILIVSRVS
TICIARCOSINAGOGI
MARGARITARIDDEIPAR
TEMPORTICITESSELAVIT

« La troisième ligne, dit M. Renan, est une énigme. *Margaritari(us) D(omine) Dei* serait trop bizarre, j'avais pensé à *Margaritar(ii) jodei* pour *judei*, mais il n'est guère naturel qu'un tel mot se trouve dans un sanctuaire juif. Du reste, beaucoup de Juifs étaient *Margaritarii*, c'est-à-dire joailliers. Si l'on agrée la lecture *proselyta*, il serait admissible que l'un des membres de cette communauté de juifs de fraîche date ait pris, dans la synagogue même, le titre de *Judœus*. »

M. Kauffmann propose au contraire *Domus Dei* et traduit ainsi l'inscription :

« Asterius, fils de l'archisynagogus Rusticus, le joaillier, a fait faire une partie de la mosaïque du portique de la maison de Dieu. »

La troisième inscription est ainsi disposée :

ISTRV	ISTRV
MENTA	MENTA
SERVI	SERVI
TVINA	TVIAMA
RITANUS	RONI

Instrumentum, on le sait, a souvent, chez les Juifs et les chrétiens, le sens de TEVXOS, livre, document : on l'emploie quelquefois pour désigner la Bible : *Instrumenta duo*, l'Ancien et le Nouveau Testament. On pourrait la traduire par : « Livres de (ou donnés par) les serviteurs Naritanus et Amaroni. » M. Kauffman fait observer que ce dernier nom a beaucoup d'analogie avec le nom hébraïque

(Voir *Bulletin de l'Académie des inscriptions*, 1er trim. 1883. — *Revue Archéologique*, mars-avril 1883. — *Revue des Etudes juives*, 3e trim. 1886.)

III

CONVENTION RELATIVE AU FONCTIONNEMENT
DES COMMUNAUTÉS ISRAÉLITES DE TUNIS

מודעת זאת שאול נשאל שאלה בבעלים כדת מה לעשות
עפ"י התורה מפי סופרים ומפי ספרים בעיר אחת מערי
מלכות ישמעאל שדרים בה ישראל שנות מספר יתו
על ח"ח שנה מנייהו מלכי רבנן נינהו ומנייהו אפרכי
לעמוד לשרת בחצר בית המלכות שכל דברי המלכות
נחתכים על פיהם ומוצאיו ומבואיו מן היום ההוא
והלאה עד היום . ואחרי מופלג רבות בשנים נקבצו באו
יחידים מערי מלכות אדום לגור שם ואיתדר להו בשונה
ונחת הגרי מהאיאקרו ובכל יום ויום קדבו ויאתיין
אנשים סוחרים מערי מלכות אדום וישכנו לעד ברבות
הטובה ולעולם הם נטפלים לבני ק"ק מסתערבים כי להם
משפט הבכורה מכמה אנפי נהירי ולעולם הם מתפללים
בכלל הק"ק מסתערבים וגבאי בהכ"נ הגדולה עמדו
ויחדו להם מקום בבהכ"נ ועדיין נקרא על שמם עד היום
הזה ואף גם זאת הם קונים בשר מהמקולים של בני
ישראל מסתערבים בשומא שקצבו גזברי ק"ק מכה'
כאשר יושת עליו המעט הוא אם רב וכל שבחא ורווחא
דאתיא ממכירת הבשר ושאר קבוצים מכללות בני
העיר הנמה יעלו ויבאו ליד גזברי הק"ק נסה' לצורך
פרנסת העניים והאביונים ועמלי תורה וארחי ופרחי
דאתו מעלמא כהלכת גובריין יהודאין די בכל אתר ואתר
ועול בה מפסקנא אית להו מהּהוא שבחה ורווחא לצורך
הוצאות המוטלות על כללות הק"ק מחקי המלכות
והמדינה חמידין כסדרן ונייספין שלא כהלכתן . ואין
לבני ק"ק פורטוגיס שום מגע יד ושיכות וידיעה בהכנסה

,וזאת כזה מ"ל עזולי מ"ל אפוקי ואחר עבור זמן זעום
זמניהם תלו עיניהם בגזרת בית הכנסת להם לבום
ניהגת והוציאו מחשבתם מכח אל הפועל ובני ק"ק
מסתערבים שתקו וחדיו כי היא היתה סבת נאת ה'
ויהי אחרי כן גברה ידם ועשו להם מקולין מחדש וכל
הריוח הרי זה בכי יותן ליד הגבאים שהעמידו מקהל
עדתם להספיק ביד עניים וח"ח אשר מקהלם ונמצאו
שתי קהלות הללו חלוקים בעיסתן אמנם בעניין ההוצאות
המוטלות על כללות ישראל שבעיר כנו שנאמר הסכינו
מנהיגי הקהלות אשר היו ביניים החם להיות ב' שלישי'
בהוצאות החם על בני ק"ק נסח' ושליש א' על בני ק"ק
פורטו' וגם הסכימו בעת ההיא שכל האורחים הבאים
מערי מלכות וישמאל דם נכללים בבלל ק"ק נסת' בין
לשכר ליטול ניחם מה שיוטל עליהם בין להפסיד ליהן
למי שצריך למיקם בספוקייהו עודם החיים הן במות
תכריכין וקבורה והבאים מערי מלכות אדום מוטלים על
בני ק"ק פורטו' בין לשכר בין להפסד כמדובר. וכראות
רב המקום הוא הראש הגא' דידן וב"ד הצדק ז"ל זיע"א
דנמבני הק"ק נסת' קונים בשר מהקולין של בני ק"ק
פורטו' קמו השרים אנשי קודש הנז"ל ושנסו מתניהם
וגזרו לונר בגזרת עירין ובמאמר קדישין בכתב מפרש
ודין נוכחה׃

בהיות שקהל עדתינו תושבי העיר הזאת קהל
אתוונסא יצ"ו מיום היותם על האדמת הזאת היו
מותזקים במכירת הבשר במקולין שלנו לתושבי העיר
ולגרים בה ולכל עובר ושב נאשי ישראל ונודע מה
שהתקינו קדמונינו למכור ביותר נשיוויו ממה שנומכרי'
הגויים לקחת ההוא יתרון גזבר הק"ק יצ"ו לפרנס בו
החכמים והעניים ולצרכי הקהל כידוע ואף גם אשר
באו אח"כ קהל גורגיזיס וקבעו דירתם בארצנו ארץ
הלזו היה גרר גדול ביניגו וביגם כמה שנים שאין להם
רשות לשחוט אפילו לצורך עצמם אם לא שיתגר רוחא

לגזבר קהל עדתינו וב"ש שאין להם רשות לשחוט בית
המטבחיים להם וכמה שני חזקה הוחזקנו בזה ואין
פוצה פה ומצפצף ואז אחר זמן זה כמה שנים גברה
ידם ופרצו גדר ופרצו החזקה שהוחזקנו בדת וקבעו
להם בית המטבחיים ולא זו בלבד שמאז אין לנו הנאה
נוחם אלא גם הם היו נהגים משלנו שבני קהלתנו היו
קונים הבשר משלהם וזהו גזל גמור הגוזל מהמנת
החכמים והעניים שבזה מתמעט הריות ביד גזבר קהל
עדתנו ונתבטל החלוק של החכמים והעניים. וכשראו
רבני קהל עדתנו של הדור ההוא זלה"ה ובראשם הרב
הגדול ד"מ ור"מ ר' אברהם טייב דמתקרי ר' באסידי
הנצב"ה החוסר המגיע בזה אז עגמה נפשם וגזרו אומר
בגזירת עירין שלא יוכל ולא יורשה שום אחד מקהל
עדתנו לקנות בשר מבית המטבחיים שלהם בשום אופן
בעולם כלל:

לפנים בישראל היתה הארץ הלזו ארץ דשנה
ורעננה ופרנסה נצויה בה בהרוחה ליהודים היתה
אורה ושמחה אורה זו תורה שבזה היו נחזיקים ביד
לומדי תורה והתורה חביבה על בעליה והדברי' שמחים
כנתינתם מהר סיני את פני האדון ה' ועתה בעוונותינו
נהפכו צירים עליה ועמא דארעא אזלא ומדלדלא נקפות
הפרנסה וכובד משתמת מסים וארנוניות קבועים ובלתי
קבועים ובזה קצרה ידי מחזיקי לומדי תורה ואתעבידו
חבימייא וכו' ולא נשאר לנו מעיר לעזור כי בנוקת
בראש הזית ארבעה וחמשה גרגרים דהיינו מה שהתקינו
קדמונינו וכן עמא דבר בכל עיר ועיר מדינה ומדינה
כשמוכרים הבשר בנקולין של ישראל מוכרים מעט
יותר משיווייו גומא שמוכרים העוים והחוא רוחא דביני
ביני ממנו היו מחזיקים ידי לומדי תורה ופרנסת העניים
ונוהנים ממנו צדה לדרך לעובר ושב כדי שלא ישתכח
ח"ו רגל מארצנו וממנו נוהגים חקים הקבועים עלינו
מהשרדה יר"ה בכל איד ואיד ובכל זמן ועידן והן חקים

קבועים וכן כמה עלילות ב"מ דלא לימטי עלן ועוות
לבגידת הזמן גם בזה נהפכו צירידה כי טאל לימים
ראשונים למן היום שעקרו דירתם הקהל גורניז מארצם
ובאו לקבוע דירתם בארצנו להיוות נתושבי קהלתנו פה
העיר מתא תונס יע"א שיש גדר גדול ביניני וכמה
שני חזקה הותזקנו בזה טאין להם רשות לשחוט אפי'
לצורך עצמם לצורך אבילתם אם לא טיחנו לנו שיעור
ההרותה דביני ביני וכ"ש טאין לקבוץ משחתא למכור
לאחרים ועתה הזמן בוגד וגברה ידם ופרצו הגדר וכנות
שני חזקה שהותזקנו בזה וקבטו אטליז בפני עצמם ולא
זו אף זו אלא גם מבני קהלתנו אפילו יחידי סגולה
קונים בשר משלהם ובזה נחרלטו ידינו ולא מצאנו
ידים מהיכן יוצא הספוק של הצרכים הנז"ל וכשראינו
כך צגמה נפשנו וקמנו ונתעודד לכרות בריות בגזרת
עירין ובמאמר קדישין אגו נשמתהין ונגדין ומחרימים
בחרם שהחרים יהושע את יריחו ובקללה שקלל אלישע
את הנערים ובשמנתה שטשמתיה ברק למרוז ובכל הקללות
והנידוויים שנעשר מימות מרג"ה עד עכשיו טאין רשות
לבני קהלהינו דהיינו מי שפורע כבך גולגלתא עמנו
וכתוב בפנקס שלנו שלא יוכל ולא יורשה שום אחד
לקנות מהם הן בשר הן הראש והרגלים הן כבד הן
מכס הן קנים הן ע"י עצמן הן ע"י אחרים ואפילו
הקצבים טלהם שהם מבני קהלתנו הם בכלל דברי הבריות
והדברים שרירים וקימים. ואם איש או אשה או משפחה
או שבט שגורם ביטול דברי הבריות הזה הן ע"י עצמו
הן ע"י אחרים יחולו על ראשו הנידוויים הנז"ל ופתו פת
גויים וייגו יין נסך ולא ימנה בעשרה ולא יצטרף לשלשה
. . . . . . כה דברי המסכינים על דברי הבריות
הזאת הכתובים לפרט יום ז' לחדש מנחם יה"ל בסדר
ואצו אתכם וכו' ש תתק"א ליצירה (C'est sans dou.e une
erreur de l'imprimeur, et il faut dire ה תק"א au lieu de
התק"א) והכל שריר וקיים. ע"כ נוסח התקנת של

ג"ד הקדמתים מי"ן זיע"א וד"ין נולחי תקנת תניינא
וכלאו"ד כן באו אנשים כוחרים מימלכות ישמעאל
ופשטו לקנות בשר מאת זובחי הזבח מהמקולין של
ק"ק פורטוגין וכאשר יבא מהמגיט ההם רש דל והנך
נהזרנס מהקופה של ק"ק מסתחרבים בין בחיים בין
במות והוכיחם הב"ד כמם בפעם וימאנו בכתפ סיורה
ולא שמער לקול מורי' מפני היד שנשתלחה והגרוע רמה
ובהיות שאין כוחן של ישראל אלא בפיהם עמדו הב"ד
בועד שטיפ המה מלכות גאון מלכי רבנן והחרימנו עוד
בכל אלות הברית הצלנה אזן משמוע הכל בכתב מפרש
ודי"ן

וכעת ראה ראינו והנה שערוריה פשתה המספחת
שכמה אנשים מקהל עדתנו קונים הבשר משלהם ובזה
שתים רעות עשר שמעלו בחרם ה' ה' יכפר בעד וגרמו
ביטול החילוק של החכמים והעניים הקבוע להם מאת
הגזבר כמה שבתות וכן ראינו שהבאים משאר ארצות
שאינם מקהל גורניזים קונים הבשר משלהם אף שהחכמי'
והעניים הבאים מאותן ארצות מוטל עלינו מחייתם
ופרנסתם וצורך קבורתם ולא על קהל גורגין וזהו
חוסר גדול ובפרט בדור הזה טרבו החכמים ולומדי
תורה ה' ישמרם ורבו העניים אשר עיניהם תלויות
לפרס שלהם אשר יוצא מבית המטבחיים שכמה שבועים
טבעה שלא לקחו מחייחם ופרנסתם נחמות שאין הקומ?
משביע את הארי שכנה בעלי בהים מקהל עדתנו וכן
הבאים משאר ארצות קונים משלהם וכלחה פרוטה מן;
הכיס אשר ע"כ קמנו ושנסנו מחנינו ואזרנו חלצינו אך
ב"ד דחתימי להתא וחכמי הדיר גדולים וקטנים לאחוז
בעקבי קדמונינו זלה"ה אשר מימיהם אנו שותים בחדש
התקנחם לגזור בגזירת עירין ובכל ההרנמות והגדוריים הנז"ל
בתקנת הנ"ז על כל מי שקונה בשר הן הראש וכו'
כנז"ל מבית המטבחיים של הגורנזים בין מבני קהלחינו
בין עשיר בין עני בין מבאים משאר ארצות טאינם

מהקהל גורגיזים הם בכלל החרם ולא על הקונים בלבד
אלא גם על הגוכרים גוביה המטבחיים שלהם שעוברים
על לפגי עור לא תתן מכשול חל החרם הנזכר ודברי
הבריה הזאת שרידים וקיימין מו"ע ושוגמע לנו ישכון בטח
ושמ"ר ב"ס לא שתיג גבול אשר גבלו ראשונים ר"ח אלול
טנת ע"ד ע"ח קץ והכל שריר וקיים . וחתימי עלה ראשי
אלפי ישראל ושאר רבנן ששים המה כמדובר

IV

TRADUCTION DU DÉCRET DE S. A. MOHAMED-ES-SADOC, BEY DE TUNIS, RÉGLEMENTANT L'ADMINISTRATION DE LA COMMUNAUTÉ ISRAELITE TUNISIENNE, PRINCIPALEMENT EN CE QUI CONCERNE LA CAISSE DE LA COMMUNAUTÉ ET L'EXPLOITATION DU MONOPOLE DE LA VENTE DE LA VIANDE.

Louanges à Dieu !

Faveur et protection de Dieu sur notre maître Mohamed, sur sa famille et ses compagnons.

A. M. le général de division, notre premier ministre et cher fils Khérédine (que Dieu protège), Salut à toi !

Nous avons décidé de préciser les usages de la boucherie des Israélites et de leur caisse des pauvres, dans les articles suivants :

ARTICLE PREMIER. — Au commencement de chaque année, les chefs de la communauté, nommés par décrets beylicaux, se réuniront, sous la présidence du caïd des Israélites, à l'effet d'exécuter les prescriptions contenues dans les articles suivants :

ART. 2. — Cette réunion se compose de quatre membres au moins, sous la présidence du caïd. Les décisions seront prises à la majorité des voix. En cas de partage égal des voix, celle du caïd est prépondérante. L'un des quatre membres sera nécessairement le grand rabbin ou son premier adjoint.

ART. 3. — Dans la première réunion de chaque année, ils nommeront les administrateurs de la boucherie et de la distribution des secours.

ART. 4. — Ces administrateurs seront choisis parmi les notables qui versent à la caisse des pauvres une somme annuelle de cent piastres au moins. Ils seront au nombre de cinq dont trois sujets tunisiens.

ART. 5. — La réunion, sous la présidence du caïd, dressera chaque année, sur un registre spécial, la liste des pauvres et la somme à allouer à chacun. Chaque fois qu'il faudra ajouter d'autres noms, cela se fera par la même commission.

ART. 6. — Les administrateurs de la boucherie sont indéfiniment rééligibles.

ART. 7. — La nomination des administrateurs et le dressement de la liste des indigents auront lieu deux jours après la communication du présent décret.

ART. 8. — A la fin de chaque année, les administrateurs présenteront les comptes de leur gestion à la réunion mentionnée à l'article premier.

ART. 9. — Les administrateurs se soumettront, en ce qui concerne leur gestion, aux réglements du pays.

ART. 10. — Les administrateurs seront tenus d'avoir un journal pour y inscrire leurs opérations journalières, et un livre de caisse.

ART. 11. — La réunion tenue sous la présidence du caïd inscrira sur un registre spécial les procès-verbaux de ses séances. Tous les assistants y signeront. Les votes seront secrets,

Nous ordonnons que notre ministre fasse exécuter les prescriptions contenues dans les onze articles ci-dessus. Et puisse Dieu l'assister.

Fait le 23 Schaban 1293 (13 septembre 1876).

Signé : MOHAMED ES-SADOC (1).

V

EXTRAIT D'UN RAPPORT ADRESSÉ AU COMITÉ CENTRAL DE L'ALLIANCE ISRAÉLITE SUR L'ÉTAT DU TALMOUD-TORA TUNISIEN, AU COMMENCEMENT DE L'ANNÉE 1878.

« Après avoir traversé un labyrinthe de rues sales et étroites, on pénètre, ou du moins on descend dans une espèce de corridor qui mériterait plutôt le nom de mare ; on n'y marche pas, on y patauge. En face de la porte est une espèce de niche pavée en dalles noires, sans porte ; c'est le cabinet d'aisance. Sans aucun respect humain, sans aucun égard pour les passants, sans aucune séparation, plusieurs enfants y déposent à la fois leurs excréments, comme aux temps primitifs.

Une petite cour, où l'on pénètre d'abord, donne accès à un certain nombre de petites chambres basses, où enfant et maîtres sont accroupis, qui par terre, qui sur de misérables bancs délabrés. Il n'y a point de fenêtres dans ces chambres, et elle ne reçoi-

(1) Le décret a été modifié par un autre décret, daté du 5 juillet 1888, et contresigné par M. Massicault, Résident général de la République française en Tunisie.

vent le jour et l'air que par la porte ; il y en a même une qui n'a pas de porte, et où l'on pénètre par une ouverture pratiquée dans un mur mitoyen...

Dans la cour extérieure on trouve un puits découvert, où l'on puise l'eau à l'aide d'une corde d'alfa, engagée dans la coulisse d'une poulie, et soutenant un seau en bois à chaque extrémité. L'un des seaux est posé sur le pavé, et les enfants, en entrant, en puisent de l'eau avec leurs mains, se lavent les pieds et vont s'asseoir...

Au milieu de cette cour, une femme faisait tranquillement sa lessive, et répandait par terre l'eau sale et savonneuse. Les enfants clapotaient au milieu de la mare qu'elle formait...

Dans un local aussi malpropre et aussi peu aéré, il est naturel que la santé des élèves s'altère. Aussi sur environ 500 élèves qui fréquentent l'établissement, on compte journellement 50 à 60 malades...

Ces pauvres élèves sont en général faibles, chétifs, malingres, on dirait presque des fantômes, si ce n'étaient leurs yeux, qui manifestent une intelligence remarquable...

En entrant dans les salles, on est suffoqué par une odeur nauséabonde, capable de ruiner la santé la plus robuste. Cela résulte de ce qu'on n'a aucun soin de la ventilation. Renouveler l'air des chambres serait incompatible avec les habitudes de l'établissement, où rien ne doit changer...

Les enfants sont accroupis sur des bancs ou par terre, où l'on a eu la précaution d'étendre de viel les nattes...

(Extrait du Bulletin de l'Alliance israélite, mois de février 1878, p. 23 et suiv.)

VI

TRADUCTION D'UNE LETTRE DE MOHAMED KHAZNADAR, PREMIER MINISTRE DU BEY DE TUNIS, AU CAÏD DES ISRAÉLITES, LUI ANNONÇANT QUE LE BEY DONNE SA SANCTION A LA TAXE D'UNE CAROUBE PAR LIVRE DE VIANDE AU PROFIT DE L'ÉCOLE DE L'ALLIANCE ISRAÉLITE.

« Les grands rabbins, rabbins et notables israélites, ont présenté une demande à l'effet d'obtenir l'autorisation de fonder une école où les enfants israélites apprendront les sciences et les arts ; les frais d'entretien de cette école devant être couverts au moyen d'une surtaxe d'une caroube par livre, prélevée sur le prix de la vente de la viande. La surveillance de l'école serait confiée à un comité élu, dont le président actuel est M. le baron Jacques Castelnuovo.

« Cette demande ayant été soumise à Son Altesse, l'ordonnance souveraine a été rendue à l'effet de vous écrire à ce sujet, et de vous informer que, les susdits ayant accepté l'augmentation d'une caroube par livre sur le prix de la viande, aucune opposition ne leur sera faite en cela, pourvu qu'on se conforme au règlement de la caisse des israélites, tel qu'il est défini dans le décret beylical du 23 Schaban 1293, et que le règlement fondamental établissant l'école susmentionnée soit soumis à Son Altesse.

« Nous vous informons de cela afin que vous ayez
à vous conformer à l'ordonnance souveraine.

« Fait le 21 Rebia-el Aouel 1395.

« Le premier ministre, ministre
« des affaires étrangères.

« *Signé* : MOHAMMED. » (1)

---

(1) Un décret de S. A. Ali bey, daté du 5 juillet 1888, et
contresigné par M. le Résident général de la République
française, donne une nouvelle sanction à cette taxe et en
confie la perception aux receveurs des abattoirs munici-
paux.

PARIS. — IMPR. ALCAN-LÉVY, RUE CHAUCHAT, 24

www.ingramcontent.com/pod-product-compliance
Lightning Source LLC
Chambersburg PA
CBHW070605100426
42744CB00006B/410